だいわ文庫

精神科医が教える

すりへらない心のつくり方

保坂 隆

大和書房

はじめに

なんだか気分が重くて仕方がない。心がどんよりと暗くなって、気分転換をしようとすればするほど、落ち込みがひどくなっていく……。

草の上に寝ころがってみたい、雲の流れをじっと見つめていたい、わけもなく大きな声を出してみたい……。

こんな気持ちのときは、知らず知らずのうちに、ストレスに心をむしばまれているのかもしれません。

「なごみスポット」とか「スローライフ」が人気を集めているのは、癒やされたいと思っている人がいかに多いかを物語っているのではないでしょうか。

心理学の研究によると、**私たちの心には1日に約4万5000回もネガティブな考えがよぎる**そうです。

「あの人が心を察してくれない」といった怒りや失望、「つらいのは周囲が原因」といった負の分析、「自分がみじめに思える」といった嫉妬、繰り返す後悔、将来の自分に対する漠とした不安……こんなネガティブの渦にのまれてしまうと、「ありえない」「許せない」「ふんばれない」範囲がどんどん広がって、ますます心は苦しくなっていきます。

だからといって、強引にポジティブに考えようとすれば、本心をごまかすことにつながり、自己否定の感情が強まります。しかも、「いい・悪い」の視野が狭くなるので、さらに心が苦しくなるでしょう。

しかし、毎日の生活の中で悩みを抱えているのは、あなただけではありません。新聞の人生相談欄の投稿を読んでみると、悩みを抱えている人が本当にたくさんいることがわかります。

もともとストレスは、刺激に対しての人間の自然な反応です。人間は生きているかぎりストレスをゼロにはできません。ただ、**向き合い方次第で、それまでのストレスが軽くなる可能性も大きい**のです。

明るく幸せそうに生きている人は、何か問題が起きたり、つらい立場になったときの受け止め方に共通の傾向があります。それは、なんでもプラスに考え、それをいい方向へと展開させていく傾向です。これが**「感情のリセット」**です。

落ち込むようなことがあっても、それを明るく受け止めるか、心配ばかりするか、そこが大きな違いといえるでしょう。

「性格は生まれつきだから、どうしようもない」と思う人もいるでしょう。でも、そうではありません。心というのは、とても柔軟性に富んでいます。心のもち方を変えるのは、それほど難しいことではありません。

この本では、ちょっと視点を変えたり、発想のトレーニングをするだけで気持ちがラクになる方法、暮らしの習慣を変えるだけで視界が明るく開けてくるような方法を紹介したいと思います。

いうならば、**「プチ・ストレス」の段階で気分を切り替え、「プチ楽天家」になる**手引きです。風邪はひきはじめが肝心といいますが、ストレスも同じ。小さな「プチ・ストレス」の段階で、上手に解消してしまえばいいのです。

「心をすりへらさない」ようにするには、生活のさまざまなシーンで、**「かたよらない、こだわらない、とらわれない」ように、感情をリセットさせるといい**でしょう。そうやって、事態に耐える力と、自分をいたわる力をつけていくことが、心に余裕をもつ人になる方法です。

この本にある心の切り替え方を試してみると、「こんなふうに過ごしていると、心は回復してくる」という方法論がわかってくると思います。

そして、自分に合う方法が見つかったら、自分のストレス解消法に加えてみてください。このストレス解消法をたくさんもっているほど、それだけ心の回復が早くなるのです。

さまざまな方法を積極的に生活に取り入れて、心の中にストレス耐性を養ってください。そうすれば、以前よりずっと心が強くなっていることに気づくでしょう。

保坂　隆

第1章 ムダに疲れない

「がんばりが足りない」なんて思わなくていい

第2章

ムリして関わらない

「イヤなこと」に、うすうす気づいていませんか？

第3章

いちいち反応しない

そろそろ違うやり方で、生きてみてもいい

第4章

いつまでも引きずらない

悩みごとの雪だるまをつくらないために

第5章

むやみにガマンしない

心のブレーキを、ポンと外してみよう

第6章

あえて孤立しない

「できない」と言うとできなくなる

第1章

ムダに疲れない

「がんばりが足りない」
なんて思わなくていい

「真面目すぎる」と不機嫌になりやすい

「物事に対して真剣に取り組む姿勢」や「誠実な気持ち」は見習うべき真面目な生き方でしょう。ところが、これに**「融通が利かない」**が加わると、「生真面目」となり、ときとして、人間関係にゆがみが生まれることもあります。

代表的な例が、「自分がやっているのだから、人もやるべき」と、自分の価値観を押しつけたり、自分の考えを曲げたりはしないことです。

実は「私は真面目だけど、融通は利くつもり」と言っている人には要注意。しかもそれが中高年となれば油断禁物です。

なぜなら、人は歳を重ねるほど考え方の柔軟性が失われていく傾向があるから。若い頃には、たしかに融通が利いた人でも、久しぶりに会うと、「あれ、こんなに頑固な人だった?」と感じるかもしれません。

さて、「私って、生真面目かもしれない」と思ったら、気がつかないうちに心をすりへらしている可能性があります。

生真面目な人というのは「一度決めたことは、なんとしてでも続けなければいけない」と考えがち。また、ちょっとした習慣でも「続けなければいけない」と思っているケースも少なくありません。

たとえば、「マンションの階段は歩いて上り下りする」とか「毎日、英会話の放送を聴く」といったものもそうです。でも、忙しいときに無理をしてやることはありませんし、疲れている日は、放送を聴かずに寝てもいいわけです。

普通の人なら「階段は暇なときに上り下りすればいい」「英会話のラジオ講座は、明日聴けばいいや」と考えますが、生真面目な人にはそれができません。

これは、自分自身に対する強制です。「心理的リアクタンス」といって、強制されると人はかえって反発したくなるもので、ストレスにもなります。

また、生真面目な人というのは、自分で決めた決まりに従って生活や仕事をこなすことをよしとする傾向があり、予想外の出来事やトラブルに柔軟に対応するのが苦手といえます。

掃除をしている途中で、突然の来客があったりすると、普通の人なら、「掃除はまた明日にしよう」と気楽に考えますが、生真面目な人は「○時から△時までは家の中を掃除する」という予定を中断して接客しなければならないことに、強いストレスを感じてしまう……といったものです。

少しくらい「いい加減」なほうがいい

人生というのは、予定どおり、思いどおりにはいかないものです。常にイレギュラーなことが待ち構えています。そのたびに大きなストレスを感じていたら、心がすりへってしまいますね。だから、生真面目な人は「融通が利かない」という要素を捨ててしまったほうがいいでしょう。
おすすめしたいのは**「いい加減」をモットーにする**生活です。普通の人がいい加減にやったら、いい加減ではすまず、大変なことになるかもしれませんが、生真面目な人はやりすぎる傾向があるので、「いい加減」くらいでちょうどよくなるのではありませんか。

どれくらいで「適当」としてもいいのかについては、いろいろ考えられますが、がんばり屋さんは「いい加減」の目安がわからないから悩んでいるのでしょう。

たとえば、毎日の運動なら、「今日も1時間、運動しなければ」と思わず、疲れている日には30分でいいと思うようにするだけで、気持ちがラクになりますよ。

また、**「結果オーライ」**という考え方もおすすめです。仕事だろうが、料理だろうが、やり方や手順にこだわらず、「上手にできたらOK」「美味しくできたら合格」と考えてみましょう。すると、いままで自分がどれだけやり方や手順に縛られていたかが、はっきり見えてくるでしょう。

「そこそこうまくいった」なら90点、つまり合格

一人でキリキリするのはもうおしまい

フーベルトゥス・テレンバッハというドイツの精神医学者が、「うつ病になりやすい人には、特定の性格傾向がある」と主張しています。几帳面で仕事熱心、責任感が強いなどが特徴で、「メランコリー親和型（前うつ性格）」と呼びました。

要するに「真面目な人」ですが、さらに、**自分がうつに近づいていることをなかなか認めたがらない**のも特徴です。それどころか「気分が落ち込んでいるなんて言っていられない」「自分のがんばりが足りないだけだ」などと考える傾向も見られます。

周囲の人が「最近、○○さんの様子がおかしい」「ちょっと弱っているのかな」と思って声をかけても、「そんな心配は必要ない」と反発するばかり。

たしかに、仕事を休んで遅れが出たり、誰かの手を借りたりすれば、あなたの評価は下がるかもしれません。しかし、無理をした結果、仕事が進まなくなれば、評価はもっと下がり、周囲に迷惑をかけるようにもなります。そのほうが責任感が強い人にとってはつらいはず。

「超」のつくほど真面目な人に、おすすめしたいのが、**「やるべきことをあえて後回しにしてみる」**という方法です。

もちろん、責任感の強い人は、「とんでもない！」と思うでしょうね。しかし、**その仕事を「やらなければいけない」と決めたのは誰でしょうか**。おそらく、その人自身だと思います。つまり、そもそも自分で勝手に決めたことなのです。

すると、今度は「いやいや、常識的に考えて……」という言葉が返ってきたりします。でも、それは真実でしょうか。

もしかしたら、その人が強迫観念に似たような気持ちで、たとえば、幼い頃に「宿題をやらなかったから親に叱られた」とか、入社したての頃に「こんなこともできないのかと、上司にどなられた」といった体験が、トラウマになっていたりするのではないでしょうか。

それまで一生懸命にがんばってきた人は、少しくらい「お休み」してもいいと思うのです。ところが、「いったん休むと取り戻すために膨大な時間がかかる」と考えるのも、真面目な人の特徴です。

でも、「どうしても時間がかかること」はあります。ひと休みして、つまりリセットして、「もう一度、がんばろう」という気持ちになればいいのです。むしろモチベーションが低いままでは効率も低く、つまらないミスを犯したりするものです。

余計な思い込みで、自分で自分の首をしめていないか

「べき」「ねば」にこだわりすぎてませんか

同じストレスを受けても、反応は人によって違います。何も感じなくてケロリとしている人もいますし、ひどく落ち込んで後ろ向きになってしまう人もいます。

心理学者の研究によると、人によってこんな違いが出るのは、**「自己認知」のパターンに違いがあるため**といいます。

自己認知とは、自分自身の価値観や長所・短所を把握すること。抑うつになりにくい人は、成功体験をした場合に自己認知のレベルが高くなります。わかりやすく話すと、成功したときに「とてもうれしい！」「自分はすごいんだ」「私は○○に向いているんだ」と素直に喜べる人ということです。

それに対し、抑うつになりやすい人は、失敗したときに自己認知のレベルが高くなります。つまり、成功したことにはあまり関心がもてず、失敗したことばかりに目が向き、「やっぱり失敗した」「私はなんてダメなんだ」「私には何も向いていないんだ」というように、悲観的な考えに陥りやすいということです。

このように自然と思い浮かぶ考え方を**「自動思考」**といいます。抑うつになりやすい人は、自動的にイヤなことばかりが思い浮かぶ「否定的自動思考」の考えが強いわけです。しかも、落ち込めば落ち込むほど激しくなっていくため、どんどん心をすりへらしていくようになります。

「イライラの種をまいている自分」に気づく

普段は「肯定的自動思考」が多い人でも、**「絶対」とか「ねばならない」という言葉を使っていると、自己認知にゆがみが出て否定的自動思考が増える**ので気をつけてください。

「べき」という言葉をよく使う人がいますが、これは「自分で決めたルール」に過ぎません。「絶対」や「ねばならない」も同じです。たとえば「オフィスの机の上は常にきれいにしておかなければいけない」とか「母親はいつも笑顔でいるべきだ」などというのも、別に規則で決まっていることではないでしょう。

たしかに机はきれいなほうが書類の紛れもなく、仕事がはかどるかもしれません。また、母親が笑顔でいれば子どももうれしいでしょう。でも、本当に忙しくて片づける時間がない場合もありますし、母親だって疲れて元気がない日もあるはずです。これを自分や他人に押しつけるのは間違いでしょう。

このように、**自分が思うルールを振りかざすのは、「自己スキーマ」による考**

え方が強いことをあらわしています。

自己スキーマとは、「自分自身に対してもっているイメージ」です。この場合なら「私はやるべきことをやっている」という完璧主義者のイメージです。自分で「私は完璧主義者だ」と考えているだけなら問題はありませんが、自己スキーマが強くなりすぎると、「絶対に私の考えが正しいから、みんなも従うべき」と考えるようになり、従わない人がいるとイライラしてストレスがたまります。

自分が自分の考えに従えない場合はもっと大変で、「できない自分を認められない」「自分はダメな人間だ」と考えがちです。これは、うつのきっかけにもなる好ましくない考え方ですから、「絶対」とか「ねばならない」という言葉を使うのはやめてほしいと思います。そもそも、「絶対」とか「ねばならない」ことなど、この世の中に何もないと思ったほうがいいと思うのです。

幸せになりたければ、「神経質になりすぎない」こと

こまめな「自分ケア」をたくさんもっておく

人生には締め切りがつきもののようです。

「外部プレゼン用の資料作成、明日が締め切りだったよね」

「会議の出席者の確認、今日中にやっておいてね」

いま働いている会社内のことばかりではなく、マンションの理事会の議事録の作成、PTA広報誌の原稿書きなど、私たちのまわりにはいくつもの締め切りが待ち構えています。一人で複数の締め切りを抱えている状態もあるでしょう。

そんな様子では、頭の中は「間に合わなかったらどうしよう」「なんて言い訳しようか」などとプレッシャーに押しつぶされがちです。

では、プレッシャーを追い払う方法はないのでしょうか。

あります。思いきって、一瞬でもいいので締め切りを忘れてしまうのです。

ポイントは**考える時間、ボーッとする時間をつくらない**ことです。

「いやいや、最初からそんな時間はつくっていない」と反論したい人もいるかもしれません。しかし、自分ではそう思っていても、締め切りが気になっていれば、実際は「困った、どうしよう」などと考えて、ボーッとする時間をつくってしまっているのです。

具体的には、ほんの2、3分でいいので、席を外してトイレか給湯室にでも行き、**思いきり体を動かしてみてください**。それだけで心のリセットができて、改めて締め切りに向き合うことができるでしょう。

もちろん、これだけで永遠に締め切りのプレッシャーから逃れられるわけではありません。当然、それはまたやってきます。そうしたら、そのたびに、また2、3分、体を動かしてみればいいのです。

一瞬でもプレッシャーから心が解放される経験をすると、締め切りに追われることが、前ほどは深刻に思えなくなります。そしてやがて、プレッシャーはあなたの心から消えていいます。

自分を大切にする日をつくる

人の体と心は、想像以上にリンクしているのを知っていますか。

エッセイストとして健筆をふるっているある女性は、どうにもこうにも気分が乗らない日は、どんなに締め切りが迫っていても、「いっさい何もしない」と決めているそうです。

そんな日はソファに寝ころび、徹底的にダラダラ過ごします。**電話には出ないし、メールも開きません**。メールを開くと、すぐに返事をしなければならないような追い込まれた気持ちになるからだとか。

寒い季節なら、コタツにもぐり込んで1日を過ごします。暑い時期は、部屋の冷房をやや強めにしてベッドで横になります。そしてトロトロと寝たり起きたり。人間はこんなに眠れるものなのかと感心するくらい眠れるそうです。

このようにしてぐっすり眠ったり、ゴロゴロ過ごしたりして体力を回復すると、自分でも呆《あき》れるくらいに気持ちが前向きになっていったそうです。

言ってみれば、この女性エッセイストは締め切りに正面から向き合わず、少しだけ逃げてみたことで、活力を取り戻したわけです。自分に無理をさせない、虚勢を張らない生き方に切り替えたといっていいでしょう。

こうしたやり方は、あなたにも応用できるはずです。たとえば、社内外の締め切りに追われて気分的に二進《にっち》も三進《さっち》もいかなくなったとき、**「体調が悪い」と連絡して、1日だけ「病欠」としてみる**のです。そして部屋でダラ～と過ごしてみる……。たったこれだけのことで、翌日には不思議とやる気が戻っていることでしょう。

連日、社内に張りついているよりも、ちょっぴり横道にそれたほうが実は効率的なんておもしろいですね。

自分を守れるのは自分だけ

「悪いほうに考えてしまう」口ぐせはやめよう

いい言葉を聞いたり、見たり、話したりしていると、人生が好転するとか、性格が明るくなるという話はあまりにも一般的で、「ああ、またその話か。それはもう聞き飽きた」という人もいるかもしれません。

しかし、昔から「言葉は言霊《ことだま》」といわれるように、そこには単なる表現の枠を超えた、何か不思議なパワーがあるようです。

それは、社会的に成功を収めた人やいつも楽しそうに生きている人を見てもわかります。力強く生きている人の言葉には生き生きしたエネルギーが感じられ、反対に元気のない人の言葉には勢いが感じられないものです。

ところで、普段、私たちが話をするときは、よく考えて論理的に話すというよりは、あまり意識せずに会話の流れで言葉をつないでいることが多いのではないでしょうか。つまり、無意識に使っている言葉や口ぐせが会話になっているわけですが、実はこの「無意識に」が問題で、**知らず知らずのうちに自分をネガティブな方向に引き込んでいる**かもしれません。

特に心が弱って、なかなか前向きになれないときなど、「どうしようもない」「何をやってもダメだ」「何もかもうまくいかない」など、悲観的な言葉がつい口に出るようになるものです。

「今度のプレゼン、うまく話せなかったらどうしよう」
「また余計なことをしちゃった。きっと嫌われただろうな」
「いつも失敗ばっかり。私ってとことんダメな人間なんだ」

無意識とはいえ、そんな言葉を心の中でつぶやいていたのでは、軽快に生きることなどできるはずがありません。

まずは、日常的に「無理無理」「どうせダメだよ」「そうは言っても」「できるわけない」といった言葉を使っているかどうかをチェックしてみましょう。

そして、もし思い当たることがあったら、考え方を変えるよりも先に、その言葉を変えてみましょう。

アメリカの作家で成功哲学の祖でもあるナポレオン・ヒルは、著書『思考は現実化する』の中で、「人が熱意をもって考え、できると明確に信じたものはすべて実現できる」と語っていますが、口ぐせこそはその意志を実現するためのパスポートなのです。

言葉で示したイメージを自分の考えとしてインプットするのは、そう難しくありません。「調子が悪い」「今日はダメだ」といったネガティブな言葉が気持ちを暗くする要因なら、「なんだか今日は調子がいい」「ツイているぞ」というポジティブな表現は、心を軽くする要因になるはずです。

たとえば、「がんばらないと認めてもらえない」と「がんばれば認めてもらえる」は同じことを言っているのであって、言い方が違うだけです。しかし、「○○しないと△△できない」という否定的な言い方では、なんとなくモチベーションが下がり、**「○○すれば△△できる」という言い方ならテンションは上がる**のではありませんか。

人間は、肯定的な言葉を使うと脳の中でベータ・エンドルフィンが分泌され、気分が高揚するというデータもありますから、ポジティブな言葉で気持ちを盛り上げることは十分に可能でしょう。

アメリカの教育者ジョセフ・マーフィー博士は、「あなたの願望を凝縮した単語を口ぐせのように唱えていると、単語の本質や性質に応じた状態や環境が、あなたの生活の中にあらわれてくる」と話していますが、これは意識的にいい言葉を繰り返すことで、セルフ・マインドコントロールができるということを意味しています。

人生をいい方法に向かわせたいと思ったら、まず自分の口ぐせをチェックすることからはじめてみてはどうですか。

自分を粗末にする言葉を総点検

「もう5分しかない」ではなく「まだ5分ある」と考える

サッカーの試合で、自分のチームがリードを奪われていたとします。残り時間は5分というときに、「まだ5分ある」と考えるか、「もう5分しかない」と考えるかで、ピッチでのプレイも精神状態も変わってくるはずです。

あるいは、プロ野球のペナントレースの最終盤に2ゲーム差で首位チームを追いかけているとき、「まだ10試合残っている」と考えるか、「もう10試合しか残っていない」と考えるかで、試合運びも選手の精神状態も変わるでしょう。

このような追いつめられた状態で、「もう5分しかない」「もう10試合しか残っていない」と否定的に考えるのはネガティブ思考です。

それに対して、「まだ5分ある」「まだ10試合ある」と肯定的に考えるのがポジティブ思考です。

後者のように考えると、状況のとらえ方・見え方は180度違うし、導き出される結果も変わってきます。それは、**ポジティブ思考なら、脳のパフォーマンスが格段に上がる**からです。

また、否定的に考えるか、肯定的に考えるかで当然、時間的感覚も違ってきます。

「もう5分しかない」よりも「まだ5分ある」のほうが、時間が十分に残っているように感じるので、心理的に追い込まれることもありません。ですから余裕をもって事に当たれるのです。

ピンチに陥ったときこそ発想の転換を

この〝もう・まだ理論〟は、幅のある時間に対しても有効です。

こちらはビジネスでありがちなことですが、たとえば、納期が1週間後に迫っているとしましょう。ところが、予定は遅れ気味。現場にはあせりが見えはじめ

ています。そんな状況で、上司がイライラした様子でこう言いました。

「どうなっている？　納期までもう1週間しかない。間に合うのか？」

これではイライラが伝わり、あせりが増すだけです。こんなときこそ、

「**納期までまだ1週間もある**。あせりは禁物だ。この際、一つひとつ確実に進めていこう。みなさん、よろしくお願いします」

などとスタッフに冷静に言葉をかければ、現場からはあせりが消え、士気が高まるでしょう。

仮に予定の7割程度はクリアできてい

るとすれば、「まだ7割しかできていない」ではなく、「**もう7割は終わっているんだ**。あと少しだからがんばろう」とでも付け加えれば、さらに安心感は広がるでしょう。

同じシチュエーションでも、「もう」と「まだ」を上手に使い分ければ、現場の空気を暗から明に反転させることができるのです。

考え方次第で、不安はやる気に転換できる

まずは「簡単なところから」手をつける

思いがけないほど大きい仕事を要求された場合、あなたはどう思いますか。「自分のキャパを超えているよ」「とても無理だな」などと考えてしまうのではありませんか。でも、こんな後ろ向きの考え方で仕事をしたら、ますます追いつめられてしまいます。

テーマが大きいのは、それだけ期待されているわけですが、高い目標を設定されてしまうと、心理的な負担が増大します。「できなかったらどうしよう」「周囲の期待を裏切ってしまう」などとマイナスに考え、挫折しがちです。

そこで、高すぎる目標を設定された場合は、**「一日当たり〇〇」のように、目標を一口サイズに切り分け、一つひとつクリアしていく**方法を試してみてください。

たとえば、10日以内に20枚のレポートを出さなければならないとします。「やれやれ大変だ」と、暗い気持ちになるのもわかります。でも、こう考えることもできるでしょう。「10日で20枚だから、1日にすると2枚。1日2枚なら、まあまあクリアできそう」と。

こう考えれば、あまりプレッシャーを感じず、すべてが好転しはじめるのです。1日1日、目標をクリアして、先が読めてくると、気分がラクになり、さらにスイスイ進んでいきます。

こうしたやり方なら、ストレスを感じず、むしろ自信がついてくるものです。自分のキャパシティ以上のものを抱え込むと、「荷が重すぎる」と心が沈みがちですが、だからこそ、小口に分けて進めていけばいいのです。

仕事のレポートといっても、中身はいろいろあります。資料づくりなどでは、文書の作成やグラフの作成が必要かもしれません。どちらが簡単かは人それぞれでしょうが、**自分が「これは簡単だろう」と思える部分から手をつける**と、うまく進められ、スピードがあがるものです。

実は、これは脳内物質の働きによるものです。

脳の働きがよくなるためには、アセチルコリンという神経伝達物質の分泌が必要です。しかし、脳が刺激を受けてからアセチルコリンが分泌されるまでには、少し時間がかかります。つまり、最初から難しい仕事にとりかかってしまうと、その時点では脳が活発に働かず、仕事の能率が上がりません。

反対に、簡単な仕事からはじめて、その後に難しい仕事にとりかかれば、アセチルコリンが分泌されていて、仕事がはかどるというわけです。こんなちょっとしたコツで、脳の働きを味方につけられるなんて、おもしろいですね。

大きく見える問題は「小さく分ける」

「これって、本当に必要なのかな？」と考えてみる

やらなければならないことが山のようにあるとき、人は何からはじめるべきか迷う習性があるようです。そこに貴重な時間を費やしてしまい、ますます時間に追いまくられる人もいます。そうかと思えば、後先をあまり考えずにとにかくはじめる人もいます。

こんなとき、どんな姿勢で仕事に臨むのがいいのでしょうか。新規事業構築、広報PR支援などで活躍する上岡正明さんは自著『高速仕事術』（アスコム刊）の中で、次のようなエピソードを紹介しています。

ある大学教授が大きな壺を取り出し、壺が満杯になるまで大きな石を詰めました。学生に「この壺は満杯か？」と質問して、学生がYESと答えると、今度は砂利を出してきて壺の中に流し込んだそうです。さらに砂利の次は砂、その次は

水と、次々と粒子の小さい物質を満杯と思われた壺の中に入れたのです。

このエピソードは何を意味しているのでしょう。上岡さんはこう言います。

「先に水を入れてしまったら、壺の中に石を入れることはできない」ということです、と。逆から見れば、**順番ひとつで、満杯だと思った壺にまだまだモノが入る**というわけです。これを仕事に置き換えると、壺は時間、大きな石は大切な仕事、砂利、砂、水はメール返信や事務作業に当たると考えられませんか。

要するに目の前にある小さな雑事をすませてから大事な仕事にとりかかろうと考えていると、雑事に予想以上の時間をとられて、大事な仕事になかなかとりかかれなかったり、場合によっては時間切れで大事な仕事ができなかったりすることもあるわけです。ここに優先順位をつける際のコツがあります。もうおわかりですね、大きな石、つまり大事な仕事からはじめるべきなのです。

そんなに必要でもないことは、すべてやめる

心配を引き起こしている「もと」にうまく対処する

「スヌーピー」といえば「世界一有名なビーグル犬」と呼ばれているようですね。マンガ『ピーナッツ』のキャラクターです。

実は『ピーナッツ』は名言の宝庫としても知られていて、『スヌーピーたちの人生案内』という名言集も出版されているほどなのです。

私もいくつか好きな言葉があるのですが、今回はあえて〝参考にしてほしくない〟言葉を紹介しておこうと思います。それは、

「幸せになるのが怖い。幸せすぎるといつも、悪いことが起きるんだ」

これはスヌーピーの飼い主チャーリー・ブラウンの台詞ですが、もしかすると同じことを考えたとか、日々考えている人もいるでしょう。幸せで順調なら、それを素直に喜べばいいのに、チャーリー・ブラウンは「このままうまくいくはず

がない。必ずしっぺ返しがくる」などと余計な心配をしています。

　たしかに将来のこと、万が一を考えて行動するのは悪くはありません。「転ばぬ先の杖」や「備えあれば憂いなし」という言葉もありますから。でも、**必要以上に不安がるのは「杞《き》憂《ゆう》」です。**

　地震や大雨などの自然の災害にも、家具が倒れないようにしたり、緊急持ち出し袋を準備したり、避難場所を調べて、そこに行くまでにどれくらいかかるかを確認しておけば、ひとまずは十分です。誰も予知能力をもっていないのですから、何が起こるかわからないような将来をあれこれ心配する必要はないと思います。

解決するために必要なことを書き出してみる

心配ばかりして「いま」をおろそかにしていると、これから訪れるはずの明るい未来も消えてしまいかねません。これは脅しではありません。心理学の世界には**「自己成就予言」**という考え方があります。「あることを強く思い込んでいると、それが実現する可能性が高くなる」という現象です。

これは、あることを思い込むと、その後の自分の行動に影響して、知らず知らずに思い込みに自分自身を近づけていく……というのです。「このまま順調にいくはずがない」「しっぺ返しを食らう」などと考えていると、実際にそんなトラブルに巻き込まれやすいわけです。

「心配でたまらない」という人は、トラブルが起きたらどうするか、そして解決できたらどんなにうれしいかを想像して、手帳などに納得するまで書いてみてはどうでしょうか。**トラブルに対応して解決できるまでをシミュレーションしておくと、実際に巻き込まれても冷静に対応できます。**心配も確実に減るわけです。

シミュレーションは、すでにトラブルに巻き込まれている場合にも役立ちます。実際はトラブルのまっただ中でも、解決までの道筋をイメージし、「解決できたらどんなにうれしいか」を想像して書いてみましょう。

たとえば、自分が提出した企画に反対意見が出た場合、反省点を同僚に相談してみるという方法はどうでしょうか。相談された人は、それなりに解決案をアドバイスしてくれるでしょうから、大きな味方になります。そして、企画を修正すれば、うまく解決できるかもしれません。

このようにシミュレーションしていると、自然に前向きな考え方になり、自己成就予言によって思いがけない解決策を発見できる可能性も高くなります。

不安は頭の中に置いておくと、どんどん膨らんでしまう

「なんとかなるだろう」とラクにかまえる

周囲を見回してみると、何にでも果敢にチャレンジする人と、少し弱気で引っ込み思案な人がいるでしょう。失敗を恐れずどんどん自分の道を切り拓いていく人は、自らの力で成功に近づいていくわけですが、問題は自分に自信がなくて、何かにチャレンジする勇気がもてない人です。

こういう人は人前で話そうとすると、緊張で言葉がうまく出てこなかったり、顔が赤くなったりして、「○○さんは気が小さいんだから」とか「落ち着いてゆっくり話して」などと「あがり症」を指摘されたりするものです。

でも、特にあがり症でなくても、大切なプレゼンテーションの席で進行役を任されたり、学校の式典でスピーチを頼まれたりしたら、誰でも緊張で硬くなるのは当たり前です。

では、そのとき、胸の内では何を考えているのでしょうか。

「最後まで間違わずに話ができるだろうか？」

「もし失敗したら恥ずかしい思いをするし、格好悪いな」

「途中でみっともないところを見せたら、きっと印象が悪くなるだろうな」

などと不安要因が次々と押し寄せて、いっそう緊張をつのらせるのでしょう。

しかし、それは**「上手に話したい」「そつなく責任を果たしたい」「うまくこなして周囲に褒められたい」といった願望の裏返し**で、そのプレッシャーを撥《は》ね除けて行動を起こすことで貴重な成功体験が得られるのです。

ところが、必要以上に緊張してあがってしまう人は、このプレッシャーを強く感じすぎて、萎縮《いしゅく》してしまうのです。

普通の人と同様にうまくやりたい欲求はあるのに、それを達成した経験が少ないため、「失敗したらどうしよう」「みんなに能力がないと思われるかもしれない」と悪い方向にばかり考えが及んで、結果として気持ちの余裕がなくなってしまいます。

こうして願望が不安に変わり、実際は失敗というかたちで終わった経験があると、「非成功体験」あるいは「失敗体験」となってインプットされ、そのイメージにいつまでも縛られることもあります。

そのような「非成功体験」は、なにも社会人になってからだけではなく、中学校や高校の学生時代にかたちづくられる場合もあり、一種のトラウマとして心の隅に刻まれることさえあります。

しかし、こうした「非成功体験」に苦しむ人の問題は、実は失敗を恐れすぎているところにあるのです。

それはまるで「失敗」というお化けを恐れる子どものようなもので、いざ、そのお化けを捕まえてみたら、**「案外、どうということのないもの」というケースがほとんど**なのです。

こうした人は失敗の怖さばかりに目を向けずに、失敗はありふれたもので、誰でも毎日失敗しているという事実に気づくことです。

創作と挑戦の生涯を送った松下幸之助は、「とにかく考えてみること、工夫してみること、そして、やってみることである。失敗すればやり直せばいいのだ」という名言を後に続く後輩たちに贈っていますが、これは自らが幾多の失敗を経験してきたからこそ言える珠玉の言葉でしょう。

このように、失敗など恐れるに足りないものだということがわかれば、もっと気軽にいろいろなことに挑戦できるはずです。

場数をこなせば、へっちゃらになる

もともとあがり症で緊張する性格だった40代のある女性は、ＰＴＡの会長に選ばれて非常にとまどい、「私には無理です」と何度も断ったのですが、結局会長に就任しました。

はじめは緊張続きで胃の痛む毎日だったそうですが、あるとき「もう失敗してもいい」と覚悟を決めて、大きな声で報告書を読み上げたところ、何度も同じところで読み間違えて、最後は思わず大笑いしてしまったのだそうです。

本来なら落ち込みそうなこの場面で爆笑したことで、それまでの気負いが一気に消えて、リラックスできるようになったという彼女。それからは、「今日も噛《か》むかもしれませんが、どうぞご容赦ください」と断って話をするようになり、会の雰囲気は前よりむしろフランクになったということです。

いったい何が幸いするかはわかりませんが、失敗を恐れず「当たって砕けろ」でぶつかっていったほうが、物事が好転することは多いものです。

失敗を覚悟して、実際に失敗しても、それは予想の範囲内。

けれど、失敗を覚悟して、もし成功すれば、これは逆転どころか大儲けです。

ちょっとした発想の転換で、失敗もラクラク乗り越えることができるのですから、まずは何事にもめげないタフな考え方を身につけたいものです。

失敗をゼロにすることは、そもそも不可能

「どうしよう、どうしよう、どうしよう……」は強制ストップ

プロ同士がチェスで戦う場合、5秒考えた手と30分長考した手は86%が同じというデータがあるそうです。どんなに熟考しても、結果はほとんど変わらず、**「ファーストチェス理論」**と呼ばれています。

「下手の考え休むに似たり」とまではいいませんが、少なくとも考えれば考えるほどいい結果が導かれるものではないわけです。

ビジネスの世界でもそれは同様です。もちろん、なんの計画もなしに無鉄砲に猪突猛進で走り出すのも考えものですが、あまりに慎重居士《こじ》なのもいかがなものでしょう。考え疲れてストレスが増え、行動力を失ってしまうこともあるのではないでしょうか。

40代半ばのE子さんは悩みがありました。実家で一人暮らしをしている母親に、

物忘れがひどくなった、急に怒り出すなどといった、ひょっとしたら認知症かなと思える症状が見られるようになったのです。

「このまま母を一人にしておいていいのだろうか……」

そこでE子さんは、ご主人と子ども二人と暮らしている自分のマンションに引き取るか、介護施設に入ってもらうか、他に何かいい考えはないのかなどと考えはじめました。母親の気持ち、経済的なこと、空き家となる実家はどうする……。いろいろなことが頭の中を駆け巡り、簡単には結論が出ません。

「考えが足りないのだろうか……」

E子さんは、仕事中も心ここにあらずで、ボーッとしているような状態が見られるようになりました。

こんなときはどのように対処するのが正解なのでしょうか。

残念ながら、このままE子さんがいくら考えても、納得のいく結論は出せないでしょう。なぜなら、**そこにあるのは主観的な視点だけで、客観的な視点がないから**です。まずは認知症外来や介護ヘルパーさんなどを訪ね、それぞれの専門家の立場からの意見を聞き、それをもとに改めてお母さんをどうするか、検討すべきです。今のままではいくら考えても堂々巡りです。

日本の仏教の巨人・空海には、こんな言葉があります。

「心病衆《おお》しといえどもその本《もと》は唯《ただ》し一つのみ、いわゆる無明《むみょう》これなり」（『十住心論』）

無明とは、心の中が真っ暗になっていて、正しい判断ができないこと、つまり自分自身がわからない状態といえます。E子さんはまさにこんな状態に陥ってしまっているのです。

つらいことがあって迷いや不安を感じたときは、一度考えるのをやめて、心を真っ白にしてみましょう。その先をどうするか。それは、気持ちがリセットできたなと自覚できてから、また考えればいいのではないでしょうか。

選択肢が増えるほど、気が休まらなくなる

思いきって「やってみる」と人生が変わる

久しぶりに会った友人が、それまでとは違う印象で、「あれっ?」と思ったことはないでしょうか。たとえば、K子さんの場合がそうでした。20年ぶりの同窓会で会ったK子さんは、以前とはまるで別人のように明るく、少女のような笑顔で親しげに話しかけてきたのです。

以前の彼女は、自分の意見を言うこともほとんどないタイプで、とても控えめでおとなしいという印象しかありませんでした。

ところが、20年の歳月を経てK子さんは陽気で活発な女性に大変身。「ハハハ」と大きな声で笑い、「私はそうは思わないわ」と自分の意見をしっかりと口にする、タフな女性に生まれ変わっていたのです。

ところが、そのあまりの豹変《ひょうへん》ぶりに、思わず興味がわいて、「K子さん、とっても素敵になったね。きっと幸せなんだろうね」と話しかけたところ、返事は意外なものでした。

「実は私、5年前に離婚してね、いまは一人暮らしなのよ。でも、仕事も楽しいし、毎日が充実しているの。負け惜しみじゃなくて、いまでは本当にこれでよかったと思っているの。**人生は一度しかないんだもんね、悔いのないように生きなくちゃね！**」

そう言って乾杯のポーズをとった彼女の笑顔は眩《まぶ》しいほどで、思わず「ガンバレ！」と応援せずにはいられませんでした。

聞けば、別れた旦那さんは中央省庁の官僚で、二言目には「世間体が悪い」「俺に恥をかかせるつもりか」「誰のおかげでいい暮らしができると思っているんだ」といった叱責《しっせき》を繰り返し、日常生活全般にわたって独善的に支配していたそうです。

こんな暮らしを20年以上続けてきたK子さんは、とうとうガマンの限界に達して、50歳を機に旅立つ覚悟を決めたのだとか。

「いつもオドオドと主人の顔色をうかがいながら暮らすうち、まるで自分が奴隷にでもなったような気がして情けなかったし、おまけに自律神経失調症や十二指腸潰瘍などストレス系の病気にも次々とかかるようになって、『もうこれ以上ガマンはできない!』と、離婚を決めたんです」

その言葉どおり、当時45歳だったK子さんは、50歳を目標に着々と独立の準備を進め、お子さんが結婚して家を出たのを機に、自分も独立を決意しました。

もちろん、最初は頑として離婚の申し出に応じなかったご主人でしたが、5年の歳月をかけてK子さんがつくりあげた膨大な離婚用の資料を見て、さすがに圧倒されたのでしょう。やがて協議離婚に応じ、財産分与もしてくれたそうです。

なにしろ、5年の歳月をかけてK子さんが集めた資料には、夫の威圧的発言やパワハラ行為、それによって自分が受けた精神的ダメージなどが、びっしりと書き連ねてあって、それが大学ノート10冊ぶんにもなったといいますから、その真剣さは十分に伝わったことでしょう。

こうしてめでたく独立したK子さんは、すぐに知り合いのパン屋さんで働きはじめ、3年間かけてパンづくりを学んだ後、小さなパン工房をオープンさせたそうです。離婚後は、毎日早朝からパンづくりに没頭して、のんびりする暇もないそうですが、その表情は以前とは見違えるほど溌剌《はつらつ》としています。

「たしかに結婚しているときは、豊かな生活はできたけれど、いつも夫の世話になっているという意識があって、ちっとも自由な感じがしなかったんです。でも、いまは何をするのも自分の判断次第で、責任も私一人がとればいい。だから、心がとっても軽くて、本当にこれでよかったと思っています」

そうしみじみと話すK子さんの口から何度も出てきたのは、「ふっきれた」という言葉でした。

離婚したら路頭に迷うかもしれないという不安。

子どもや家族に迷惑をかけてしまうという心配。

社会経験の少ない自分が厳しい世の中で生きていけるのかという悩み。

そうした迷いをまとめて「ふっきった」ことによって、K子さんはまったく新しい道に一歩を踏み出すことができたのです。

「50歳を前にして、それまでの人生を捨てるのは大変な冒険でしたが、あのままでいたら、いまでも私は被害者意識の塊で、鬱々とした人生を過ごしていたでしょう。もちろん、私のようなケースが誰にでも当てはまるわけではありませんが、勇気をもって何かを捨てるには、やはり50歳というのはひとつのボーダラインかもしれませんね。私も、もし50歳を過ぎてから再出発を考えはじめていたら、あれほど思いきった行動ができたかどうかわかりません」

K子さんは自分の経験からそう話してくれました。しかし、実際には、いくつからでも再出発できますし、一歩踏み出す勇気さえあれば自然と前に道は開けてきます。**満足できない現状にしがみついているよりも、多少のリスクは覚悟で何かをふっきって進むほうが、いい結果に結びつくことも多いもの。**恐れずに一歩踏み出した人たちの笑顔から、きっと学ぶこともたくさんあるはずです。

もっと〝心のまま〟に生きてみよう

第2章

ムリして関わらない

「イヤなこと」に、
うすうす気づいていませんか？

気分が悪くなる人には近づかない

最近、「マウント」という言葉をよく耳にするようになりました。

本来、マウントとは「登る」「上げる」という意味なのですが、最近は「自分のほうが優位だと周囲に示す行動」を指し、「マウントをとる」「マウンティングしたがる」などと使うケースが多いようです。

こんな行動を、心理学者のアルフレッド・アドラーは**「権力闘争」**と名づけました。簡単に説明すると「他人に勝ちたい」「他の人の上に立ちたい」という心理です。

権力闘争はいろいろな場面で起きます。「私がAランチを頼んだら、彼女はそれより高いBランチを頼んだ」というような些細なことも権力闘争といえます。

また、誰かがある人を褒めると、急に不機嫌になって「人は見かけによらないっていうから、気をつけたほうがいいよ」などと根も葉もないことを口にするのも権力闘争のひとつです。

この程度なら「大人げない」と笑えますが、これがエスカレートしていくと見過ごせなくなります。たとえば、ブランドのバッグを買った話を友人にしていたところ、「あら、私はそのニューモデルを買うのよ」などと誰かが言ったとしたら、「そう、それはよかったわね」と、思わずきつい口調になるでしょう。

こんな争いは心をすりへらせるだけ。こんなときは権力闘争をやめるのが正解です。つまり、**相手がマウントをとろうとしているなと思ったら、その人からは遠ざかるか、放置する**のです。

「それでは負けでは？」と思う人もいるでしょう。たしかにそうかもしれません。しかし、言い争いになったら、仕掛けてきた人から争いをやめることは、まずありません。争いはどんどんエスカレートするでしょう。

しかも、たとえ「勝った」としても、相手はいつか必ず復讐に出ますから、さらに心をすりへらすことになります。

だから、こんなときは「Bランチも美味しそうね」「ふうん、ニューモデルなんて、いいわね」などと、軽く思っておけばいいでしょう。たかが食事やバッグのことで、心をすりへらすのはもったいないじゃありませんか。

優越感をもちたいから「勇気くじき」をする

自分の心を守るためにもう一つ注意してほしいのが、**「勇気くじき」をする人**からも遠ざかるということです。勇気くじきもアドラーが名づけた行動で、困難を克服しようとする気持ちや力を相手から奪う行為です。

頼まれたことが時間内にできなかった場合に、「そんなこともできないの！」とか「もういいよ。私がやるから、貸して！」などと、きつい言い方をする人がいますね。また、バスケやテニスの練習試合で負けたときに「あなたがミスをしたのが敗因よ」などと言う人も勇気くじきをする人です。

勇気くじきをしたがる人は、優越感をもちたいと考えています。相手に、いかに無能なのかを告げることによって、「私ならできるんだけど」「私のほうが優れている」という優越感に浸っているのです。

なかには、ちょっと気づきにくい勇気くじきをする人さえいます。典型的なのが、**対等な立場なのにもかかわらず褒めちぎる人**です。

本来、褒めるというのは上位から下位の人に対する行為ですから、たとえば、ご近所のように対等な立場なのにもかかわらず、やたらと褒める人の心の中には、「自分のほうが上位」「あなたは何をやっても私に追いつけない」という勇気くじきの気持ちが隠れていたりするのです。

こういう人がいたら、それ以上はかかわらずに距離を置くのが、心をすりへらさないための秘訣と思いましょう。

「ダメなものはダメ」と考えたほうがうまくいく

無駄な「いさかい」はしない

知り合いのWさんは、マンションの役員をしています。普段は、ゴミの出し方や掃除当番など、日常的で事務的な役割です。ところが、あるとき、エントランスの修繕をどこの会社に依頼するか、というテーマが持ち上がり、WさんとAさんの二人が、それぞれ別の業者に見積りを出してもらうことに。そして、その見積り額が問題になってしまったのです。Wさん側の額が約400万円だったのに、Aさん側は300万円と開きがあったからです。

会議では金額ばかり注目され、Aさんのもってきた業者に発注しようという意見が優勢でした。Wさんは見積りを依頼しただけなのに、なんとなく「負けたような気分」になったそうです。そのうちに役員の中から「Wさんはお人好しだから、ふっかけられたんじゃないの」「まさか、リベートもらっているわけじゃないですよね」などという発言まで飛び出す始末。

言った人は軽口のつもりだったのでしょうが、多少イラついていたWさんは「金額だけで決めていいんでしょうかね。『安かろう、悪かろう』という言葉もありますし、私が見積りを依頼した業者は安心だと思うんです。Aさんのほうこそ、だまされているんじゃないですか」と、ちょっと意地悪な言い方をしてしまったそうです。すると、それまで和やかに進んでいた会議が気まずい空気に。その後、発言する人もなく、結局、その日は何も決まらず散会になりました。

「それからというもの、周囲の目がきつくなったような気がするんです。会議だから、どんな意見を言ってもいいと思うんですが……。やはり言い方が悪かったんでしょうねぇ」

たしかに、Wさんの発言には大人げない部分もありそうです。「周囲の目がきつくなった」のは思い過ごしかもしれませんが、**もの言い方ひとつで、相手を不愉快にしたり、傷つけたりすることはあります**。しかも、その結果として、自分の心もすりへらしてしまうのです。

非難されたら「曖昧な言葉」でかわせばいい

人が非難された場合、大きく分けて次の3つの反応パターンがあります。

①他罰型反応……相手が間違っていると主張する反応で、怒りっぽい人にありがち。相手に強いストレスを与え、その結果、さらにシビアな非難を相手からくらうことも。ときには非難の応酬となりかねません。Wさんの反応も、この他罰型反応でしたが、言い争いにならなかったのは、せめてもの救いでした。

②自罰型反応……「自分が間違っていた」と退く反応。Wさんの例でいえば、「私の頼み方が悪かったんでしょう」などの言い方が当てはまります。穏やかな人に見られる反応で、トラブルは回避できますが、自分だけに強いストレスがかかり、心をすりへらすことになりかねません。

③無罰型反応……責任の所在を曖昧にします。Wさんのケースなら、「どちらの会社にも長所があるんでしょうね」「どちらに決まっても、うまくいくと思います」などと、はっきりしたことを言わず、煙《けむ》に巻くような発言をして、その場をやり過ごす方法です。

Wさんの場合、③の無罰型反応ならよかったでしょう。誰にもストレスを与えず、会議の雰囲気も悪くせずにすんだはずです。

「無責任と思われそう」と考えるかもしれませんが、たとえそう思われても、その話自体はその場かぎりなのですから、心配なんていりません。無罰型反応は「心をすりへらさないコツ」といえるので、大いに利用してください。

どちらか一方が正しいなんて決められない

心に「仮面」を被っているから苦しくなる

相手や状況を素早く判断し、それに応じて自分がどのように行動すればいいのかを判断する力を**「セルフモニタリング能力」**と呼びます。

興味のない話でも相手と笑顔で話すことができたり、つまらないパーティでも楽しそうに振る舞える人は、「セルフモニタリング能力が高い」といえるでしょう。

もちろん、セルフモニタリング能力が高いのは悪くはありません。しかし、度が過ぎるとストレスがたまるだけでなく、周囲から「○○さんは八方美人」といった、よくない評価を受けてしまう場合もあります。

「日本人は他人の目や思惑を気にしすぎる」といわれます。これも、セルフモニタリング能力が高すぎるせいで、それが日本特有のストレス社会を生み出しているような気もします。もう少し自分中心主義に傾くだけで、ストレスに悩む人は減るのではないでしょうか。

八方美人タイプは、**「本心を口にしたら嫌われるに違いない」「みんなによく思われたい」という考え方が強い**ようです。その結果、「Aさんが○○と言うのでそれに同意したが、Bさんの前では△△と言った」のように、発言に一貫性がなくなります。

本人はその場しのぎで意見を合わせているだけでしょうが、こんなことが重なれば、そのうち周囲にバレて、遅かれ早かれ「あれ、この前言っていたことと違うな」「信用できない人だ」という話になるわけです。

しかも「人の口に戸は立てられない」とか「悪事千里を走る」ということわざもあるとおり、悪い評判はあっという間に広まるもの。本人は「嫌われないためにやっていたつもりでも、実際はどんどん嫌われて、心をすりへらす結果になります。

素の自分を隠すのは、危険なこと

『イソップ物語』には次のような話があります。

コウモリは鳥のところに行っては「鳥の仲間だ」といい、獣のところに行っては「いやいや、自分はみなさんの御仲間ですよ」と獣の仲間入りをします。しかし、その挙句の果てに、結局、どちらからも爪弾きにされてしまいました。

イソップは、「八方美人は結局、誰の信頼も勝ち得ない」ということを言いたかったのでしょう。このエピソードから、八方美人を「コウモリタイプ」と呼ぶこともあるようです。

T子さんは、典型的なコウモリタイプです。誰からもよく思われたくて周囲に愛嬌をふりまき、かわいい女性と見られようと必死です。そのため、ときには相反する要求にそれぞれ応じてしまう場合もありました。

もともと優秀な人でしたが、みんなにいい顔をしているうちに、やがて誰からも信頼を得られなくなり、その結果、居場所がなくなり孤立してしまいました。コウモリのように振る舞っているうちに、自分を見失ってしまったのです。残ったのはストレスだけでした。

T子さんは自分に自信がもてない人といってもいいでしょう。しかし、**ストレスのない人間関係を築きたいのなら、結局、自分の〝素〟で勝負する**しかありません。とりつくろった自分でいるかぎり、ストレスはついてまわります。

いい子ぶるくらいなら、自分をストレートに出し、素直に振る舞ったほうがいいのです。そのほうが人間関係もスムーズになり、ストレスも大きく減少するはずです。

誰彼なくいい顔をしていると結局は、本当の自分を失ってしまうわけです。

「いい人」の仮面を外してみませんか

「自分ができること」だけに目を向けよう

ビジネスシーンで、同僚や後輩、もしかしたら目上のミスで、トラブルが起こるのは珍しい話ではありません。自分になんの落ち度がなくても、ちょっとした勘違いから問題に巻き込まれるケースもあります。そんなとき、原因となった人を責め続けたり、その話を何度も蒸し返したりするのは控えたほうが賢明です。

「二度とミスをしないように忠告しているだけ」「相手のことを思って言っている」と考えているのかもしれませんが、ミスをしたほうからすれば、チクチク、あるいはネチネチと何度も繰り返し言われては、つらいだけでしょう。

人がやるべきことを「課題」といいます。たとえば、**同じミスを繰り返さないという課題に取り組むべきは、ミスをした本人です**。いくらあなたが「相手のことを考えて……」と思ったところで、ミスをした本人が「二度と繰り返さない」

と思わなければ、課題は達成されないでしょう。

しかも「強制されると、それに反発したくなる」のが人の心理。言われたほうは課題達成の努力をしなくなる可能性もあります。そうなれば、言っている人のストレスは増すばかり。

心理学者のアドラーは、これを**「課題の分離」**と呼んでいます。ミスを繰り返さない努力をするのはその人ですから「相手の課題」、イライラして心をすりへらすのは自分ですから「自分の課題」になります。

繰り返し同じ注意をしてしまうのは、この2つをリンクさせてしまったために起きた過ちで、アドラーは「土足で踏み込むような行為」とまで言っています。

課題を解決するのは本人。つまり、一度注意をしたら、もう、それで終わりにしておきましょう。

そもそも、本当に忠告や、相手を思ってのことなのかもあやしいもの。それというのも、**「引き下げの心理」**が働いている可能性もあるからです。

羨《うらや》ましいとか、なかなか勝てないと思っている相手の欠点や失敗を見つけると、それを攻撃して、相手の評価を下げ、自分と同じレベルにまで落とそうとする心理が「引き下げの心理」です。

しかし、それによって得られる満足感は、ほんの一瞬。そんなことをしたところで、言っている側の「絶対的な評価」が上がるわけではありません。

それどころか「そこまで責めなくてもいいんじゃない」「もう、いいかげん、許してあげたら」と、周囲の評価はかえって下がることになりかねません。

ところが、この心理は現状に不満を抱いている人や、劣等感の強い人に見られがちで、「思っていたほど自分の評価が上がらなかった」「かえって自分の評価が下がった」とわかると、以前にもまして不満や劣等感が強くなってしまいます。

つまり、誰かを責めれば責めるほど、自分の心をすりへらす結果をもたらすという悪循環に陥りやすいわけです。

他人の問題を「なんとかしよう」としない

相手の変えられない部分に神経をつかうのはやめる

「告白がうまくいかなかったら、どうしよう」

「志望企業は20倍を超える倍率だから、受かるわけがない」

「どうせ、私が悪く言われるに決まってる」

まだ起こってもいないことを悪いほうにばかり考えて思い悩む人がいます。いわゆる「後ろ向きな思考」です。

もし、あなたの友人からそんな言葉を聞いたら、「そんなことないよ」「きっと大丈夫だよ」と、前向きに考えられるように励ますでしょう。

しかし、その気持ちが相手に届かずに、友人は「何をやってもダメ。私はそういう星の下に生まれてきてしまったのだから、もう放っておいて！」などと落ち込んだり、ヤケになったりするかもしれません。

ところが、しばらくして、心配したあなたが恐る恐る連絡をしてみると、「えっ、そんなことあった？」と当の本人は、ケロリとしているケースがあります。

誰かから悩みを打ち明けられたら、親身になって考えるでしょう。でも、**同じようなことが二度、三度と続くようなら、その相手と関わる必要などありません。**「冷たい」と言われるかもしれませんが、心理学的に考えれば、その相手は「哀れな自分をアピールして、誰かにかまってほしいと思っているか、ただ不安におびえる弱い自分のことが好きなだけ」という可能性が高いからです。

自分が抱えている悩みや悔しさを口に出すと、気分がスッキリしてストレスが解消される「カタルシス効果」に頼っているだけかもしれません。

後ろ向きな人とは「そっと距離をとる」

そもそも、カウンセラーでもない人が、後ろ向きな考え方や意見を延々と聞くことはあまりおすすめできません。なぜなら、**どんなにメンタルの強い人でも、**

周囲の人の考えや雰囲気に影響されてしまうからです。

アメリカの心理学者エレイン・ハットフィールド博士は、「会話をしていると、人は知らず知らずのうちに相手の感情や態度に同調してしまう傾向がある」ことを発見しました。これは**「感情感染」**と呼ばれる心理現象で、人が生きていくうえで協調性が欠かせないために生じるものです。

前向きな感情や態度に同調するだけならよいのですが、この感情感染は後ろ向きな感情や態度により強く起こることがわかっています。つまり、後ろ向きな考え方や意見を聞いていると、自分も同じように後ろ向きな気持ちになってしまう可能性が高いということです。

しかも困ったことに、いったん後ろ向きな気持ちに陥ってしまうと、前向きな話や意見に耳を貸さなくなり、後ろ向きなことばかりが目につくようになり、どんどん後ろ向きになっていきます。つまり、後ろ向きという負のスパイラルへ落ち込んでしまうということです。

前出のハットフィールド博士は、この感情感染について「邪悪な人間とつき合っていると、賢人も愚かになってしまう」という辛辣《しんらつ》な言葉で警鐘を鳴らしています。だから、後ろ向きな気持ちの人がいたら距離を置くことをおすすめします。もし「見捨てるのは気が引ける」と思うなら、「専門家に相談してみてはどう？」とアドバイスしてあげてください。真剣に悩んでいる人は、専門家を頼るはずです。もし「う〜ん、いいや」というくらいの反応なら、特に深刻なものではないはずです。

ドライに割り切って生きれば、イライラしない

陰口が出てきたら、サッと逃げたほうがいい

「ねえねえ、知っている？　あの人、会社を辞めるらしいよ」

「えっ、そうなの。知らなかった」

「取引先とトラブルを起こしたらしいわよ」

「あの人もいろいろ問題あるからね。取引先からも嫌われていたらしいし」

昼食時や午後の休憩時等々、オフィスの談話室などに何人かが集まると噂話に花が咲くのは、いつの時代でも変わらないようです。

本人がいないところで交わされる噂は、つい悪い話になりがちです。そんなとき、直接何かを話したり、「うんうん」とうなずかなくても、**その場にいただけで、「一緒になって悪口を言っていた」と思われてしまうことがよくあります。**

また、悪口を言い合っていたメンバーの中には、自分のことは差し置いて「あ

の人があなたの悪口を言っていたよ」などと本人に告げ口する人がいるもので、これまたよくある話です。

後になって、「私は何も言っていないのに」と弁解しても、誤解は解けません。

そういう席には最初から加わらないか、その場にいない人の悪口大会がはじまったらさりげなく席を外すようにすればいいのでしょうが、あなたがオフィスという集合体の一員であるなら、そうもいかない場面もあるでしょう。

では、そんなときはどうすればいいのでしょう。**本当に賢い人は、さりげなく話題を変えてしまいます**。たとえば、スマホに保存している音楽を、間違えたふりをして大きめのボリュームで瞬間的に流してしまう。

「あっ、ごめん、指がスマホの画面に触れたみたいで、音が出ちゃった……」

「スマホって操作が難しいとこあるよね」

「でも、いいメロディーだね。なんて曲？」

などと、まったく違う話になり、その場の空気はなごやかなものに変わっていきます。

私はいまから10年近く前に、真言宗の開祖である空海の思想に触れる機会がありました。その後、空海のことを深く学びたいと考えるようになり、高野山大学大学院密教学科修士課程（通信制）に入学しました。そして天才であり、努力家であり、思想家であり、実践家である空海の魅力にどんどん惹かれていきました。

その空海に「道《い》うことなかれ人の短」（『崔子玉座右銘』）という教えがあります。空海は、後漢の学者である崔子玉がつくった座右銘をとても大事にしていて、「人の短所をあげつらったり、悪口を言ったりしてはいけない」と、いつも心に言い聞かせていたといいます。

「君子危うきに近づかず」の格言とともに、この言葉を頭の片隅にでも置いておけば、人に誤解されない行動がとれるのではないでしょうか。

「嫌われてもいい」と開き直ってみよう

比較するほど不毛なことはありません

後ろ向きな思考になりがち……そんな人は、**自分のことを他人と比べたがる傾向が強い**とされます。持ち物にしても、それがいえるのではないでしょうか。

気分の落ち込みが激しい30代男性と話をしていたところ、落ち込みの原因が「同級生が高級外車を買ったから」とわかったことがあります。

若い人の車離れが進んでいるそうですが、まだまだ車を憧れの存在と考えている人も少なくありません。「どんな車に乗っているかが自分の価値を決めるんだ」とまで考える人もいるとか。

先ほどの男性もそんな一人で、同級生が、自分には買えない外車を買ったと知り、「それに比べて、自分はなんて甲斐性がないんだ」とガックリきてしまったのです。

「たかが車くらいで」と笑ってはいられません。健康や外見がきっかけで、負のスパイラルへ落ち込んでしまう人も珍しくありません。

健診で、自分だけ何らかの異常値が出たとしましょう。すると「なんで私だけが……」と、何もなかった人たちを恨めしく思う人もいますし、しばらくぶりに会った同級生や友人が昔のままの容姿なのに驚き、「なんで私だけ老けてしまったのかしら」と、落ち込む人もいます。

他人と比べることは、すべて悪いとは言いきれません。たとえば「アイツが外車に乗っているなら、こっちはスポーツカーを買うぞ!」「私も健康になるために、運動をはじめてみよう」のように、やる気の源にもなります。

このように劣等感情やマイナス感情がきっかけで湧きあがるモチベーションを**「ブラックエンジン」**と表現します。

ブラックエンジンには「自分のため」「相手を蹴落としたい」という利己的な考え方が背景にあって、あまり好ましいとはいえないのですが、それだけに、とても強い感情なので、逆に成功へつながる可能性も高いとされています。ただ落

ち込むのではなく、ときにはブラックエンジンを始動してみてはどうでしょう。

ただし、後ろ向きな思考になりがちな人は、このブラックエンジンを始動することもできず、ただただ劣等感情に苛《さいな》まれてしまいます。

「隣の芝は青い」という言葉がありますね。たしかに、隣の家の芝が青々としていれば、なんとも羨《うらや》ましいでしょう。でもそれは、**結果だけを見ているから羨ましい**のであって、そのために隣人が、芝刈りなどで大変な苦労をしていたと知れば、「それはなかなか大変だな」「芝が青々としていなくてもいいか」と思えてくるでしょう。

外車を買った同級生は、高額のローンの支払いに四苦八苦しているかもしれませんし、「買ったはいいが、ガソリン代が捻出できなくて」と、大きな負担になっているかもしれないのです。

また、会うたびに新しいバッグや靴を見せつけるママ友なども、羨ましいを通り越して、ムカムカする存在かもしれません。自分がいくら背伸びをしても、お財布が許してくれないわけで、ねたましく思うだけです。

でも、そんなときは、ちょっと裏側を考えてみてください。

「カードの支払いがきついかもね」とか「お金はたくさん使っているけれど、何か悩みもあるんだろうな」などと頭の中で考えるだけで、心の乱れはかなり抑えられるのではないでしょうか。

上を見たら、キリがない

自分は自分以上でも以下でもない

台湾には「此上不足、此下有余」ということわざがあるそうです。直訳すると「**上と比較すれば足りないが、下と比較すれば余るほどある**」という意味になるとか。意訳すると「自分を奮い立たせるときに上を見ると、まだまだ足りないと思うものだ。そんなとき、自分を安心、満足させたいなら下を見れば、もう十分だと思える」といったところでしょう。

人間には誰にも向上欲求があります。いまよりももっとよくなりたい。収入を増やしたい……。たしかに、そう思うことはがんばる原動力になりますが、あまりにがんばりすぎると心や体を壊してしまいます。また、どんなにがんばっても追い抜けない人たちが星の数ほどいることがわかると、逆にそれがコンプレックスになったり、落ち込んでうつ状態に陥ってしまうケースもあるでしょう。

そんなとき、自分よりも苦労している人たちがいることを知り、「私などまだ恵まれているほうかな」と思えれば、精神衛生上は悪くないのかもしれません。

でも、人と自分を比較することをやめてしまえば、上も下も見る必要がないというか、そもそも上とか下とかいう発想自体がなくなります。そのほうが上だ下だと気にするよりラクに生きられると思います。

「比較」の対象の中には、運動能力や顔立ちなど、いくらがんばってもどうすることもできないものがかなり含まれています。それで苦しんだりコンプレックスを生んだりするのなら、このあたりで人を物差しにするのはやめ、**自分なりに生きていけばそれで十分という考えをもつ**のも大切です。

この際、自分は自分だと腹をくくってみませんか。この人生は、誰の人生でもない、自分自身の人生なのですから。

自信はがんばってつけるものじゃない

第3章

いちいち反応しない

そろそろ違うやり方で、生きてみてもいい

心がつい動いてしまう。それが悩みをつくりだす

キレる高齢者が社会問題になっています。久しぶりに祖父母と会ったら、昔はあんなに穏やかだったのに、なんだか怒りっぽくなっていた……。そんなふうに感じる人がいるかもしれません。

キレやすい原因としては、脳の老化があげられます。脳で最初に衰えていくのは、感情のコントロールを司る前頭葉という部分。ところが、**怒りを感じる脳の大脳辺縁系という部分はなかなか衰えません**。つまり、歳をとっても、怒りは若い頃と同じように感じるが、それをコントロールする力は弱っていて、キレやすいというわけでしょう。

高齢でなくても「怒りを抑えられずトラブルを起こしてしまった」「最近、カッとなりやすくなって困っている」という悩みをもつ人もいます。

そんな人には、**「カッとしたりイライラしたらトイレへ駆け込んでください」**とアドバイスしています。不思議な顔をされますが、実は脳をサポートするために効果的な方法なのです。

怒りを感じる大脳辺縁系には「素早く反応する」という性質があります。前頭葉の働きがよければ、それに負けず素早く反応して、怒りを抑えられますが、前頭葉の働きが衰えていると、反応は遅れがちに。

怒りにまかせてトラブルを起こした人の多くが、後になって「あのときは、ついカッとしてしまって」「申し訳ないことをした」と反省の弁を述べるのも、遅ればせながら前頭葉が働いたためなのです。

その点、トイレへ駆け込めば、反応が遅い前頭葉のための時間かせぎになります。

これは、若い人にも役立つ「イライラの対処法」でもあります。イライラを感じやすいというのは前頭葉の働きが弱くなっている証拠で、高齢者と同じように「ついカッとして……」というトラブルを起こしかねません。

空気を吸ってスッキリする

とはいうものの、授業中や井戸端会議、会議の真っ最中に、何も言わずトイレへ行くのは難しい話。そんなときは、その場での深呼吸に即効性があります。

後ろ向きになっていたり、頭に血が上ってカッとすると、呼吸は乱れる傾向にあります。これは、精神的なストレスが自律神経を乱したために起きる症状で、このような状態が長く続くと体内に取り込まれる酸素の量が減少してしまいます。

人間の体の中で最も酸素を消費するのは脳ですから、脳にその影響がまっ先にあらわれます。つまり、**ただでさえストレスで動きが鈍っている脳がますます動かなくなり、しまいには感情を制御できなくなってしまう**というわけです。

こんな悪循環に陥らないよう、ストレスを受けて気持ちが乱れているときには深呼吸をし、たっぷり酸素を体内に取り入れる必要があります。

ちなみに、深呼吸のポイントは**腹式呼吸で行う**ことです。なぜなら、通常の呼吸法（胸式呼吸）では十分に肺を膨らませることができず、脳の働きを回復させるために必要な酸素を取り入れられないからです。

腹式呼吸とは、胸の筋肉ではなく、横隔膜を使う呼吸法で、呼吸するときにお腹が膨らんだりへこんだりするのが特徴です。

よく「腹式呼吸は難しいからできない」と言う人がいますが、実はそんな人でも、寝ているときやリラックスしているときには無意識に腹式呼吸を行っています。つまり、「難しい」のではなく「難しく考えすぎるからできない」ということ。次の要領で、腹式呼吸をマスターしてみてください。

①まず仰向けに寝て、左右どちらかの手を開いてお腹の上に載せます。
②この状態でゆっくり大きく、深く静かに鼻から息を吸い、口から吐きましょう。
③このとき、お腹が大きく上下するのが腹式呼吸です。もし、お腹が十分に動いていなかったら、動くように心がけて繰り返してみてください。
④寝た状態でお腹を大きく上下できるようになったら、次はイスに座って練習し

ましょう。すると、授業中や会議中でもすぐに腹式呼吸を使って深呼吸ができるようになり、イライラを爆発させずにすむはずです。

また、イヤな一日を過ごしてしまった夜は、次のようなさらに深い深呼吸をして、その日のことを消化してしまいましょう。

①仰向けになり目を閉じ、腹式呼吸でできるだけ深く深呼吸をします。
②細く、ゆっくり、鼻から長い糸を引き出すような感覚で時間をかけて息を吐きましょう。できればひと呼吸30秒ぐらいのペースで20回ほど繰り返します。

カッとしたときは、返事の前に「ひと呼吸」

強すぎる自己愛が、安らかな生き方を邪魔する

歳を重ねるにつれて、子どもの頃にはあまり感じなかった苦しみやつらさ、悩みが増えてきます。就職活動中の学生では、「希望の会社に入れるだろうか」と悩み、「内定がもらえずつらい」と思っている人がいるでしょう。ビジネスパーソンなら「こんなに仕事をがんばっているのに、どうして認められないのか」と感じている人も多いかもしれません。

しかし、言うまでもありませんが、「苦しい」「つらい」「悩ましい」とばかり考えていると、ストレスはたまる一方。それでも若ければ、まだまだ人生にたっぷり時間が残されていて、よい方向に向かう「喜び」や「希望」があります。でも、**歳を重ねるほど、残された時間は少なくなり、心の回復が難しくなる**のです。

その結果、心だけではなく頭痛や不眠、息苦しさなど体の不調が出る人も多く、

私のクリニックにも、このような悩みを抱えた人がたくさんきます。しかも昨今の社会情勢を反映してか、増加傾向にあります。

こういった症状を緩和する薬も数多くありますから、一人で悩まずに医師に相談するのは大切なことです。しかし、私たち医師が投薬でできるのは、あくまでも対症療法でしかありません。そこで、根本治療のために心がけてほしいことがあります。それは**「自分だけ」という発想をやめる**ことです。

明るい未来が開けると信じる

私の経験上、つらさや苦しみを必要以上に強く感じる人というのは、「どうして私だけつらい思いをしなければならないのだろう」「なんで私だけ認められないんだ」「みんな楽しそうに暮らしているのに、なぜ私だけ悩みが多いのだろう」などと口にすることが多いようです。

厳しいことを言って申し訳ないのですが、**これはすべて「自己愛」的な発想か**

ら出る言葉です。自分を好きでいることや大切にするのは悪いことではありません。しかし、その気持ちが強くなりすぎると、独りよがりな陶酔になりがちです。

自己愛が強い人というのは普段は自信満々で、「自分が一番」「私は恵まれている」と考えているようですが、ちょっとでも厳しい状況に置かれると一転して、「自分だけが不運に思えてつらい」「この世の不幸をすべて背負っているようで苦しい」などと思いはじめます。

でも、実際にはそんなことはありません。その瞬間、「つらい」「苦しい」「悩ましい」と思っているのは自分だけではなく、複数、いや大多数の人が「つらい」「苦しい」「悩ましい」と思っていることを忘れないでください。

若い人たちは知らないかもしれませんが、かつて北野武さんがよく「赤信号、みんなで渡れば怖くない」と言ってお客さんを笑わせていました。もちろん、これはギャグですから本気にしないでくださいね。でも、この考え方は、みなさんが感じているつらさや苦しみ、悩みなどを軽減するために応用できます。

「つらさや苦しみ、悩みを感じているのは私だけではない。みんな同じようにつらく苦しく悩んでいるのだろう」と、楽観的に考えてみてください。すると「みんな同じなのだから、大丈夫かもしれない」と思えてくるはずです。

このように患者さんに提案すると、「楽観的だなんて……先生、無責任すぎます」と叱られることがあります。そんなとき、私は「楽観的な考え方はとても有効です」と話します。

楽観的とは「未来の出来事は必ずなんとかなると信じて行動すること」です。つまり、**将来を明るく思い浮かべる考え方**といえるのです。

ちなみに、アメリカのケンタッキー大学のデボラ・ダナー博士によると、悲観的な考え方の人は楽観的な人よりも10年も寿命が短いとわかったそうです。つまり、「つらい」「苦しい」「悩ましい」の先に「希望」はないというわけですね。

「どうにかなるさ」と楽観的でいるのがいい

「自分が一番」という意識で、自分自身を縛らない

やることなすこと、すべてがうまくいかないように思えて、気分の冴えない日が続く。

自分なりにいろいろ努力はしているつもりだけれど、どうにも成果は上がらず、報われない思いがつのる。

そんなとき、心に浮かぶのは、「どうして私だけ運が悪いの?」「なんで俺だけが貧乏くじを引くんだろう?」「みんな楽しそうに暮らしているのに、なぜ私だけ苦しいの?」という自虐的な考えです。

考えれば考えるほど自分が不運で、まるで自分だけが不幸を背負っているように思えてしまう。そんな経験は、誰にでもあるのではないでしょうか。しかし、それは決して「自分だけ」ではありません。実は大多数の人が、ときとして「自

分が一番不運だ」と思っているものです。

この「自分が一番」という考え方は、いいときには「自分が一番優れている」とか「自分が一番恵まれている」というポジティブな方向に向かうのですが、一転して「自分が一番不遇だ」とか「自分が一番不幸だ」というネガティブな方向に向かうこともあります。

それでは、いつも明るく朗《ほが》らかに生きている人は、どのようにしてネガティブな思考に陥らないようにしているのでしょうか。

人間の運に対する考え方について、作家の志茂田景樹さんはこのように話しています。

「運が悪いと嘆く人は誰でも打てる球を待っている打者に似ている。だが、世間はそんな球を放ってくるほど甘くはない。放ってくるのは打ちづらい球で、それを見送っていては永久に運はつかめない。打って初めて運不運が分かれる。**運があればヒットになり、なければアウトになるだけのこと**である」

気負わず、じつに淡々と運について語った言葉ですが、このようにクールな視点から眺めたほうが、思いつめた気持ちから少しは解放されるのではないでしょうか。こうした意見を参考に、「自分も不運を嘆いているばかりではダメだ。気分を変えて前へ進もう」と思えれば、それはとてもいい解決法です。スッキリと新たなスタートをきれるかもしれません。

ただし、**気持ちの整理がつかないまま中途半端に再スタートすると、かえって重苦しい思いを長引かせることにもなりかねません。**

これは、落ち込んだ気持ちの解消法に共通するものですが、「身を捨ててこそ浮かぶ瀬もあれ」の言葉どおり、いったんどん底まで落ちて失望を味わったほうが、実際その後の活路が開けやすかったりもするのです。だから、一度は思いきり自分の不運を嘆いて、とことん落ち込んでみるのも悪くはありません。

自分を憐《あわ》れんで涙を流すのも、いわゆるカタルシス（精神の浄化）の一種です。気分を一新するにはいい方法といえます。ですから、照れる気持ちを捨てて、ときには感情を爆発させてみましょう。

たとえば、悲しい映画を観て泣くのも、ホラームービーを観て悲鳴を上げるのも、ジェットコースターに乗ってスリルを味わうのも、すべてカタルシスに当てはまる行為です。

どうにも行き詰まって、身動きがとれないと感じたら、子どものように素直な気持ちで大きく心を解放してみましょう。そのうえで「運があればヒットになり、なければアウトになるだけのこと」と納得できれば、もう迷いや悩みとはお別れです。

人間は、自分の力が及ばないことは何でも〝運〟で片づけてしまいがちですが、軽やかな気持ちで生きる人ほど、運を引き寄せているものなのです。

あきらめるか、あきらめないか。決めるのは自分自身

自分はダメだ、と決めつけているのは自分自身

「ランチメイト症候群」という言葉があります。精神科医の町沢静夫先生が名づけたもので、一緒にランチをする相手がいない自分のことを「魅力のない人間」「価値のない人間」と恥ずかしく思い、苦痛を感じる状態を指します。昼休みになっても忙しいふりをして勉強や仕事を続けたり、トイレの個室で弁当を食べたり、そんな毎日になる人もいるそうです。

たしかに、友人や同僚などが連れだって食事に行ってしまい、自分一人が誘われずに取り残されたとしたら寂しいですね、それはわかります。だからといって「自分には魅力がない」「自分は価値のない人間なんだ」とまで考えてしまうのは極端すぎますし、無駄に心をすりへらしているとしか思えません。

このような考え方を**「劣等感情」**と呼んでいます。よく聞く「劣等感」という

言葉とほぼ同じ意味だと思ってください。
劣等感情が湧きあがるのは「まわりの人たちより自分が劣っている」と考えるからです。「ランチメイト症候群」で、「自分には魅力がない」と決めつけてしまうのも同じです。
しかし、よく考えてみてください。たとえば、**自分に魅力が「ある・ない」というのは客観的な評価ではありません。**あくまでも主観的で、他人と比べて自分で勝手にそう評価しているだけでしょう。
もしかすると、「本当は、○○さんではなく△△さん（あなた）と食事がしたい」と思う人がいるかもしれませんし、

「△△さんのように一人でゆっくり食事がしたい」と思われているかもしれません。

超能力者でもないかぎり、他人がどう思っているかはわかりません。勝手に劣等感情を抱えてしまっているだけなのです。

「いまあるもの」に意識を向ける

ただし、主観的に見ても客観的に見ても、優劣が明確なケースもあります。

たとえば、収入がその代表的なものでしょう。「Aとは同級生なのに、年収が2倍も違う」「Bさんはタワーマンションを買ったというのに、自分はアパート住まい」というのは動かしようのない事実で、「思い出すたびに心がすりへる」と感じている人もいると思います。

たしかにAさん、Bさんは高給取りかもしれません。だからといって、彼らと自分を比べても、自分は自分以外になれないのですから、比べてもまったくの無駄ではありませんか。自分も努力していると思うなら、それでいいではありませんか。

そもそも、物質的な充実度と幸福度にはそれほど関係のないことがわかっています。つまり、**収入や資産が2倍になっても、2倍幸せにはなりません**。それどころか、「収入や資産が増えるほど幸せを感じにくくなる」という研究結果さえあるくらいです。

だから、他人と比べるのはストップして「私は幸せ」と心に刻めばいいと思うのです。

そこまで達観できないというなら、**他人より自分が優れていると思う部分に光を当ててみる**というのはどうでしょうか。

誰にも得手不得手があるものです。だから、不得手=劣っている部分にばかり注目しないで、「自分の持ち味は何だろう?」と考えてみる。自分が優れていると思う部分を思い出したり、満足感に浸ればいいのです。

実は、世の中にはこの気持ちが強すぎる人もいます。いわゆる優越感(優越感情）の強い人で、このタイプの人は「自分のほうが上」という気持ちで、他人を下に見たり、けなしがちです。そのため、会社や学校、社会では「イヤなヤツ」「尊大な人」という悪い評価を受けがちです。

「そんな人にはなりたくない」と思うでしょうが、もともと劣等感情の強い人が多少優越感を抱いても、そこまで尊大にはなりません。安心して自分の優れているところに光を当てて自己満足に浸ってください。

どんなときも、自分を否定しない

相手にケチをつけるより「自分が変わる」

「若いときはあんなにやさしかったのに。いまじゃ全然だめよ」
「結婚したての頃はもっと素直だった。いまじゃすっかり別人だよ」
そんなふうに、パートナーのことを非難したり嘆いたりする人は少なくありません。

たしかに年齢を重ねることで、人は成熟していくものですから、変化があって当然だと思います。しかし、基本的な性格ががらりと変わったり、別人のようになってしまうことはめったにありません。「三つ子の魂百までも」です。

では、どうして、多くの人が、パートナーに対して「変わってしまった」「あんなふうじゃなかった」とこぼすのでしょうか。

実は、**変わったのは相手ではなく、自分の「見る目」が変わった**からなのです。

たとえば、明るくてよくしゃべるタイプの人がいたとしましょう。すると、「一緒にいて楽しい」と思う人もいれば、「たくさんしゃべってうるさい。一緒にいたくない」と思う人もいるわけです。

同じ人物に対する評価なのに、これだけ違いが出るのは、価値観やそのときの心持ち、つまり「見る目」が違うからなのです。

人生の大切なパートナーとして選んだ、妻や夫。恋愛であれ、見合いであれ「この人と一緒に歩んでいこう」と決意した背景には、必ず、相手の長所や魅力を感じたのではないでしょうか。

「押しは強くないけれど、やさしい人だから、この人となら幸せになれそう」

そんなふうに、「やさしい人」という部分を評価して結婚を決めた人が、年齢を重ねると、「押しが強くない」という部分ばかりを見るようになって、「いい人だと思って結婚したけれど、頼りなくって情けない」などというようになってしまうのです。

ですから、パートナーに対して「変わってしまった」と嘆く前に、結婚当時の自分の気持ちを思い出してほしいのです。そうすることで、相手のもともともっているいいところを再認識でき、「やっぱりこの人でよかったんだ」という気持ちになれるのです。

大事な重なりあう部分があれば、それでいい

「水臭い」という言葉があります。これは、親しい間柄なのによそよそしい、打ち解けないという意味で、「大変だったなら、声をかけてくれればよかったのに、水臭いな」「遠慮するなんて水臭い、友だちでしょ」などのように、ネガティブな表現として使われます。

しかし、「夫婦は水臭いくらいがちょうどよい」と作家の下重暁子《しもじゅうあきこ》さんは提唱しています。

下重さんは、『極上の孤独』『家族という病』『夫婦という他人』などの数々のベストセラーの中で、親子や夫婦の関係は「期待しない」ことが大切だと重ねて

述べています。

特に夫婦関係にあっては、同化しようとせず、互いに違う存在であるのを認めあい、個を尊重する。そもそも夫婦は結婚する前にお互いの生きる土台が出来あがってるのだから、邪魔しないようにマイペースで暮らすことが理想。変に期待を寄せるから、裏切られたような気持ちになったり、話が違うなどと言いたくなってしまうのだと書いています。

たとえば、結婚記念日、誕生日などに「連れ合いなら、何か特別なことをしてくれるに違いない」と思うからこそ、何もなかったときに落胆してしまうけれど、はじめから期待しなければ、なんとも思わないということです。

それだけ聞くと、若干、殺伐《さつばつ》とした気持ちになるように思えますが、下重さんは著書『自分に正直に生きる』の中で、「**期待しなければ、ちょっとした好意や優しさを嬉しく感じることができる**」と述べています。

たしかに、自分の「こうあってほしい」という気持ちを相手に投影し、それが叶わないからといって、相手を否定するのは、自分本位ですし、期待しないことで、小さな幸せを感じられるのなら、大いに学ぶべきでしょう。

また、下重さんは、自分以外の人間を完全に理解などできないし、理解できないからこそおもしろみがある。だからこそ、夫も妻も「個」として自分らしくのびのびと生き、夫婦といえども互いに自由を縛らない。かといって、夫婦が背を向けて暮らすわけではなく、「大事な重なりあう部分があれば充分」と語っています。

戦前の日本の結婚観は、「夫唱婦随《ふしょうふずい》」で、夫が言い出し妻がそれに従うことを美徳としていました。それは、男性が外で働き、女性は家を守るというかたちが理想だった時代のことです。時代は流れ、女性の社会進出によって、結婚観は大きく変わりました。どんな夫婦であっても、一人ひとりが自立し、そのうえで寄り添う気持ちが重要なのです。

完璧な夫婦なんて、ほとんどいません

「そういうものだ」と割り切って受けとめる

高齢者の親をもつ人がよく口にする言葉ですが、「**親がせっかちになって困《こま》る**」というのがあります。

たとえば、1週間後という期日で約束事を頼まれたのに、2～3日すると、「もうやってくれた？」「まだできてないの？」と催促してきたり、法事や旅行のような行事があると、何週間も前から準備しないと落ち着かなかったり。

子ども世代にしてみれば、「まだまだ時間があるのに、なんでそんなに急ぐんだろう」「どうして年寄りはこうもせっかちなんだろう」という気持ちにもなるでしょう。

E子さんも、母親のせっかちにイライラすることが多々ありました。

彼女は月に1～2回、高齢の母親の買い物につき合うのですが、待ち合わせのたびに「来るのが遅いよ」と叱られていました。

E子さんは決して時間にルーズではなく、いつも2～3分前に着くように心がけています。しかし、母親は30～40分も前から待っているので、結果としてE子さんが遅刻してきたようになってしまうのです。

ある日のこと、バスが渋滞に巻き込まれて、E子さんは待ち合わせに10分ほど遅れてしまいました。母親が待ちくたびれているだろうと思い、携帯に連絡をしましたが、つながりません。仕方なく、走って待ち合わせ場所に行くと、姿が見えませんでした。

「今日はお母さんが遅刻したのかな?」と思って待っていると、しばらくして、母が疲れ切った顔で小走りにやってきました。そして開口一番、「何やってたの!? あんたの身に何かあったと思って、あっちこっち探し回ったんだから。もう、年寄りに心配させないでちょうだい!」と、声を荒らげたのです。

E子さんにしてみれば、たった10分しか遅刻していませんし、なおかつ携帯電話で連絡を入れています。そのことを母親に言ったところ、「携帯なんて気がつかなかったわよ。もうあっちこっち走り回って、クタクタ。あんたとはもう出かけたくない」と、聞く耳をもちません。

さすがのE子さんもこれには腹が立ちました。たまの休日の時間を割いて買い物につき合っているのに、文句ばかりではたまりません。思わず、「自分勝手なことばっかり。お母さんがせっかちだからいけないんでしょ」と返してしまいました。

当然のことながら、その日の買い物はまったく盛り上がらず、いつもなら夕飯を一緒に食べて別れるのに、早々と別れてしまったのです。

さて、どうして高齢になると、E子さんのお母さんのように、せっかちになりやすいのでしょうか。そこには、**高齢者特有の心理**が隠されています。

歳をとると、誰でも若い頃のようには体が動きません。そのことは本人が一番よくわかっています。だからこそ、何かする際には早めに行動して、スピーディーに動けない部分をカバーしているわけです。

早め早めの行動には、「私は老いぼれてない」「年寄りはのろまだなんて言わせない」という思いが隠されているのです。

とはいっても、人混みの中で長時間待つのは高齢者にはこたえます。そして、待っている間にいろいろ心配してしまい、娘の顔を見たとたんに、ホッとし、その反動で文句を口にしてしまうのでしょう。

そうした高齢者の心理を理解していれば、無駄にイライラせずにすみます。たとえば、待ち合わせ場所を外にせず、母親の自宅へ迎えに行くようにするのもひとつの案です。外で待っていると疲れますが、家で待っているぶんには何か別のことができるので、気がまぎれるでしょう。

あるいは、ゆっくりと座れる場所で待ち合わせをすれば疲れずにすみます。当たり前のことかもしれませんが、相手の立場になって考えると、お互いに気持ちのよい時間を過ごせるはずです。

「自分は正しい」という考えから離れてみる

人にやさしくなれると「自分に自信がもてる」

仕事柄、毎日たくさんの方と会っているうち、心をすりへらしやすい人には、ある特徴があるとわかってきました。それは、自分に自信がもてていないか、何かの原因で自信を喪失した経験があるということ。

自信のない人は、ちょっとミスをすると「自分のせいだ」「自分の力が及ばなかったからだ」と、自分ばかり責めます。こういう考え方を**「内的帰属」**と呼びます。

これとは逆に、「失敗したのはアイツのせい」「問題が悪いから試験に落ちた」のように、失敗はすべて人のせいで自分は悪くないと考える人もいます。これを**「外的帰属」**の考え方といいます。

この考え方をする人は、普段から優越感をもち、お世辞やほめ言葉には弱い傾向があります。しかも、失敗してもそれを学習しないので、何度も同じ失敗を繰り返しがちです。

比較すると、内的帰属の考え方には、同じミスを繰り返さない、責任感が強い、慎重、周囲から信頼されているなどの傾向が見られます。つまり、人間的には内的帰属の人のほうが好ましく見えます。

しかし、その反面、自分に自信がもてず、常に強いストレスを抱え込んでしまい、心をすりへらすため、「今のままでいいんですよ」と言いきれないのが難しいところでしょう。

労を惜しまない人は、自己肯定感が高い

こんなとき私は、**「今度から、電車やバスに乗ったとき、お年寄りや体の不自由な人などに席を譲るようにしてみてはどうですか」**とアドバイスします。すると不思議な表情を浮かべる人が多いのですが、実は「自己肯定感」を強くするた

めにとても効果的なのです。

自己肯定感は最近、あちこちで注目されていますが、「自分は大切な存在だ」「自分のことが好きだ」という気持ちのことです。

「やったほうがいい」とわかっていても、電車やバスで席を譲るのは、意外に勇気がいる行動ではないでしょうか。しかし、一度でも席を譲った経験があるとわかると思いますが、とても気分のいいものです。これは「いいことをした自分が好きだ」という自己肯定感からくる感情です。この気持ちいい経験を繰り返すほど、自己肯定感は強化されます。

通勤や買い物、散歩などの途中で困っている人を見かけたら、「どうしましたか?」「なにかお困りですか?」など積極的に声をかけるのも、自己肯定感の強化につながる行動です。こうして、困っている人に救いの手を差し伸べると、自己肯定感を強くできるのですから、まさに「情けは人のためならず」だと思いませんか。

また、ドライブ中や車の通勤の途中で、強引に前に割り込む車があったときも同じです。カッとせず、笑顔で入れてあげましょう。これも救いの手を差し伸べるのと同じで、「私はいい人だ」と感じることができるでしょう。

自分に自信がもてない人にすすめたいことはまだまだあります。

まず、**誰かに褒められたときは素直にうれしさをあらわしましょう**。というのも、自己肯定感の低い人には、褒められても素直に喜べない傾向が見られるからです。こんな気持ちでは、自分に自信などもてません。

褒められたら素直に「ありがとうございます！」と答えてください。自分で感じていなかった部分を他人に評価されて、それを受け止めているうちに、自分自身を再評価し、自信がついてくるものです。

笑顔を心がけていると、人生に満足できる

自分の中にある「宝石」を書き出してみる

数人のグループで河原へ行き、バーベキューを楽しんでいたとしましょう。まったく気がつかなかったのですが、実はそこはバーベキュー禁止で、しばらくすると警察官がやってきて、厳しく注意されました。こんなとき、あなたは、どんな気分になるでしょうか。

「知らなかったんだから、そんなに気にすることはない」とケロリとしている人もいるでしょうし、「とんでもないことをしてしまった。どうしよう」とひどく凹み、さらに悪いことが起きるのではないかと考えてしまう人もいるはずです。

このように考え方に違いが出るのは、「自己評価」が関係しています。簡単にいってしまえば、ケロリとしている人は自己評価が高く、ひどく凹む人は自己評価が低い人です。

一般的に、自己評価が低い人は、なんでも否定的に考えがち、自分のミスを許せない、褒められても素直に喜べないなどの特徴があります。こう書き出しただけで、心をすりへらしやすい人の感じがわかりますね。

それに対して自己評価の高い人には、プライドが高い、根拠がなくても自信がもてる、失敗を引きずらないなどの特徴があります。自己評価の低い人にとっては、どれをとっても「羨ましい」と感じるでしょう。

しかし、そんなに羨む必要はありません。なぜなら、**実際の能力が低い人ほど**

自分の能力を過大視する傾向があるのがわかっているからです。失礼な言い方かもしれませんが、「自己評価の高い人は実力がともなわない」ということです。

この典型といえるのが、運転に関する自己評価です。駐車場経営を行っているパーク24がアンケートをとったところ、「自分は運転がとてもうまい」「まあうまい」と答えた人の割合は、20代が26パーセントだったのに対し、60代では35パーセントに達したそうです。また、「あまりうまくない」「うまくない」と答えた人の割合も、20代が25パーセントだったのに対し、60代はわずか9パーセントでした。近年、高齢ドライバーの交通事故が増加しているのはまぎれもない事実ですから、これは明らかに過大な評価です。

「ない」と思っているから満たされない

とはいうものの、自己評価が低すぎると心をすりへらしがちです。ある程度は高くしてほしいと思います。そのためにすすめたいのが、自分の長所を書き出してみることです。これは**「感情のラベリング」**（自分の気持ちに名前をつける）を利用したもので、とても効果があります。

人材活用に長けていたといわれる戦国の武将・武田信玄は、人を判断するときの注意点を7つあげています。これはビジネスの世界でも高く評価されていますが、それを応用して私が考えた7項目を紹介しておきます。

①腰が重いのは落ち着いているということ。
②気が短いのは頭の回転が速いということ。
③自分の考えをあまり口にしないのは思慮深いということ。
④失敗することがあるのは、人より早く行動しようとする積極性によるもの。
⑤消極的なのは慎重な性格ということ。
⑥曖昧なことを言うのは相手を気づかっているということ。
⑦融通が利かないのは信念をもっているということ。

自己評価の低い人は「自分には長所などなく、短所ばかり」と思い込んでいるケースが多いのですが、**すべての物事は見方によって変化する**ものです。自分では短所だと思っていることが、実は長所だとわかるとしたら、こんなに楽しいことはありませんね。

「自分褒め」の習慣がないと、弱気になってしまう

ありがたい出来事を意識するようにする

前向きに生きている人を見習えば、ポジティブに生きるためのヒントが見つけられます。ただ、それはあまりにも単純な方法で、聞いたら「なんだそんなことか」「そんなの聞き飽きたよ」と思われるかもしれません。

それでも、とにかく伝えておきたいのは、ポジティブシンキングの本場であるアメリカで、幸せに生きるため、あるいはビジネスで成功するための王道として、いまも信奉されているのがこの方法だからです。

ハーバード大学のタル・ベン・シャハー教授は、その著書の中で次のような実験結果を報告しています。

学生の被験者を2つのグループに分け、一方にはいつもどおりに過ごしてもらい、もう一方には、**「何でもいいから、感謝の言葉を毎日5つ書き出すように」**

という命令を与えました。

こうして1か月、別々の行動パターンで過ごした学生たちにインタビューしたところ、精神状態には大きな違いが認められたのです。

毎日感謝の言葉を考え続けたグループは、何もしなかったグループに比べて人生を肯定的に考えられるようになり、幸福感も以前より高くなりました。

しかも、感謝の言葉を考えていたグループはぐっすり眠れるようになり、運動量も増えて、体調もよくなったというから驚きです。

アメリカでは、ビジネスで成功をつかむため、あるいは企業家として成長するため、さまざまなセミナーが用意されていますが、その多くに応用されているのがこの「感謝マニュアル」なのです。

大企業の新人研修でもこのマニュアルはよく使われているようで、実際に大手クレジット会社のアメリカン・エキスプレスでは、毎日午前中に、3つのよい出来事とそれに対する感謝を書き出させているそうです。

たしかに、こんな古典的で単純な方法で幸福感が高まったり、創造性や仕事への意欲が増すなら申し分ありません。第一、感謝するだけなら、お金も時間もからず、なんのリスクもないのですから、やっても損はないでしょう。

毎日感謝することをピックアップし、それを書き出す習慣によって幸福度が増すというのは、最新の脳科学と心理学から導き出された事実でもありますから、真似てみる価値はあるはずです。

ただし、なかには「何かに感謝しよう」と思っても、特にありがたいと思うことが見つからなかったり、無理に感謝の材料を探していると、かえって不愉快な気分になるという人もいるでしょう。

そういう場合は、今日起こったことにかぎらず、これまでにありがたいと思ったことなら何でもＯＫです。同じことを何度繰り返し思い出してもかまいません。必死で感謝の材料を探すことに偽善的なものを感じて、この習慣をあきらめてしまう人もいますから、むしろ**はじめは感謝のハードルは低いほうがいい**でしょう。

たとえば、「今日一日生きていられるだけでありがたい」「今日も十分ご飯が食べられてよかった」「家族が健康で過ごせてうれしい」といったごく基本的な事柄に感謝するだけでも、脳のセンサーは感謝に対する感受性をキャッチしていますから大丈夫。

特に、朝起きたときや夜眠る前のひとときに、「朝、目が覚めてよかった。今日も一日、精一杯生きよう」「一日が無事に過ごせてよかった。感謝して明日を迎えよう」などのひと言を胸に刻んで、これを毎日の習慣にすると、自然とポジティブな思考回路が身につくものです。

「生きてるだけで丸儲け」と考えるのがいい

ところで、このような楽天的思考を端的にあらわすのに「生きてるだけで丸儲《まるもう》け」というフレーズがあります。「いろいろ不平不満もあるだろうが、生きているだけで十分じゃないか！　命があるだけでもありがたいと思わなければ」という、いかにも前向きなこの言葉は、落ち込んだときや悲観的な考えにとらわれたとき、一気に気持ちを切り替えられる魔法の言葉でもあります。

実は、この言葉が一躍脚光を浴びたのは、タレントの明石家さんまさんに長女が誕生した1989年のこと。わが子に自身の座右の銘である「生きてるだけで丸儲け」からとった「いまる」という名前をつけると、「おもしろい」「いや不謹慎だ」などとさまざまな意見が飛び交い、話題になりました。

しかし、このフレーズは完全にさんまさんのオリジナルというわけではなく、ちょっとユニークな慣用句として用いられてきたものです。なかでも有名なのは、大分観光の立役者として湯布院や別府を全国区の観光地に押し上げた油屋熊八氏で、「生きてるだけで丸儲け」を口ぐせにしていた豪快な生き様は、舞台化されたほどでした。

さて、底抜けに明るい笑顔でお茶の間を楽しませてくれる明石家さんまさんですが、その生い立ちは恵まれたものではありません。つらい幼年時代を送ったために笑顔の大切さや人に笑ってもらう喜びを知ったのだとか。

幼い頃に実母を失くし、父の再婚相手である継母に疎《うと》まれて、悲しい思いをした経験が笑いの道に進む動機になったというのも皮肉ですが、逆境を逆手に取りプラスに変えた強靭《きょうじん》なバイタリティがそこにはあります。

その精神をあらわすように、さんまさんの発言には、苦しいときそっと背中を押してくれるような言葉が数多くあります。どうにも元気が出ないときには、さんまさんの笑顔とともに、その力強い言葉を思い出してみてはいかがでしょう。

「落ち込みやすい体質とは、感謝の足りない姿勢が原因や」

「俺は、絶対落ち込まないのよ。落ち込む人っていうのは、自分のこと過大評価しすぎやねん。過大評価しているから、うまくいかなくて落ち込むのよ」

「人間なんて、今日できたこと、やったことがすべてやねん」

「人にやさしくできる人はそれ以上の哀しみを背負っている」

「人間、生まれてきたときは裸。死ぬときにパンツひとつはいてたら勝ちやないか」

不満なことではなく、満足できることに目を向ける

第4章

いつまでも引きずらない

悩みごとの雪だるまをつくらないために

失敗したことを「すぐに忘れる」ことにする

真面目な人が心をすりへらしてしまう理由のひとつとして、「自分のミスが許せない」という面があげられます。

たしかに、大切な試験や大きな仕事で犯したミスを引きずるなと言われても「それは無理」と思うかもしれません。しかし、いくら引きずったところで、そのときに戻ってやり直すのは不可能。クヨクヨ考えても仕方ないのです。

「二度と同じミスを繰り返さないためには、心に深く刻んでおく必要がある」と言う人もいます。律儀で責任感が強いから、そういう言葉になるのでしょう。

もちろん、ミスを忘れろとは言いません。ミスから学習することもありますから、同じミスを繰り返さないように注意するのは当然です。しかし「ミスしたことを忘れない」よりも大切なのは、**「ミスの原因を探り、二度と同じ失敗を繰り**

返さない」でしょう。

実は、ミス自体に気をとられすぎて、同じミスを繰り返す可能性が高くなるケースがあり、心理学では**「ハウリング現象」**と呼ばれています。

拡声器で話すときに「キーン」という甲高い音が出てしまうことがありますね。これは、スピーカーから出た音がマイクに入ってしまい、その音が増幅されて再びスピーカーから出て、さらにその音がまたマイクに入る……という繰り返しによって発生するものです。人の心でも、これと同じ現象が起きてしまい、その結

果、ミスを重ねてしまうというわけです。

「思い出さないようにする」のが最善

物事をきちんとこなす責任感が強い人は、「いつまでもクヨクヨ考えすぎないで」というアドバイスをすると、「よし、がんばって忘れよう」「忘れるように努力する」などと言い出します。しかし、これもまた逆効果ですね。人の記憶には、**気になることに注意を向けるほど強くなる**という性質があります。つまり、忘れよう、忘れようと思うほど、逆に忘れられなくなってしまうわけです。

そこで、ベッドに入ったら、その日の失敗やうまくいかなかったことは絶対に考えないようにしてください。複数の情報がインプットされた場合、最後の情報が最も強い印象を与え、記憶に残りやすい「終末効果」という心理があるからです。

しかも、人間の記憶というのは睡眠中に定着するとされていて、寝る前にクヨクヨしていると、本来なら忘れるべきミスが頭から離れなくなってしまいます。

そのうえ、こんなネガティブなことを考えて眠りにつくと、脳が興奮して、質の高い睡眠もとれなくなります。質の高い睡眠は脳の疲れをとり、万全な状態で明日を迎えるために欠かせません。こんな眠り方では、脳の疲れはとりきれず、気分も落ち込む一方でしょう。こうして負のスパイラルに落ち込んでいく人は珍しくありません。

負のスパイラルに落ち込むのを避けるために効果的なのが、言葉や気持ちの言い換えです。たとえば、誰かに怒られたとしましょう。こんな場合は「怒られた」と考えず、**「私のことを思って、忠告してくれた」**と置き換えてみましょう。

ミスをしたときには**「うまくいかない方法を見つけた」**と考えればいいじゃありませんか。ちなみに、これはトーマス・エジソンの「私はいままでに一度も失敗をしたことがない。電球が光らないという発見を、いままで2万回したのだ」という名言（迷言？）からいただいたものですが。

このように前向きな考え方をしていると、エンドルフィンという脳内物質の分泌量が増えます。脳を活性化してくれる物質で、分泌が増えると物事をますます前向きに考えられるようになります。

つまり、「前向きに考えるほど前向きになれる」わけですから、クヨクヨしている暇などあったら、どんなふうに言い換えられるかを考えてほしいと思います。

「他のことを考える」だけでもいい

失敗は次の成功に結びつけるためのプロセス

失敗は誰にでもあること。失敗したことのない人間などいないでしょう。でも、大切なのは、そこから何を学び取り、どう生かすかではないでしょうか。

「失敗は成功の母」という名言を残した発明王トーマス・エジソンにはこんな言葉もあります。

「私は決して失望などしない。なぜなら、どんな失敗でも新たな一歩となるのだから」

それなのに、いつまでもクヨクヨと「あのとき、もう一度チェックしておけばよかった」などと悔やみ続けている人がいます。また、「あの話をもっとしっかり聞いていれば、みんなに迷惑をかけなかったのに。申し訳ない……」などと、自分のミスをずっと引きずってしまう人もいるでしょう。でも、いくら自分を責めたところで、すんでしまったことは元に戻りません。

空海の教えに**「愚に於いては毒となり、智に於いては薬となる」**（『声字実相義《しょうじじっそうぎ》』）があります。あることが、愚かな人にとっては毒になり、賢い人にとっては薬になるという意味です。

愚かな人にとっては、失敗はただの失敗としか考えられません。そこから何も学ぶことができないのです。当然、同じ失敗を繰り返したり、または失敗を恐れるあまり、新たに挑戦する気持ちを失ってしまうこともあります。

これは本当にもったいないことではないでしょうか。なぜなら、失敗には必ず何か意味があるからです。

一方で、賢い人は、失敗したときこそ、「そこから何かを学ぼう」と前向きに考えます。失敗の体験を今後に生かそうとするわけです。そして**しっかりと分析ができた後は、失敗自体を忘れてしまいましょう**。もうすでに失敗はあなたの血となり肉となってくれているのですから。

では、幸いにも物事がうまくいった場合はどうでしょうか。もちろん、喜んだり、ホッとしたりすることは問題ありませんが、その成功体験をまるで金科玉条のごとく、いつまでも大事にするのはいかがなものでしょうか。その成功にあまりにこだわると、思考はそこで止まってしまいます。

練りに練って成功したとしても、次に同じ方策が通用するとはかぎりません。いつまでもそこにこだわっていると、違う状況ではうまくいかず、まわりから「あの人はワンパターンだ」「頭がカタい」と見られてしまうかもしれません。

成功体験が自分の足を引っ張ることもあるということです。**「自分が成功したのはたまたまだ」くらいに考えておいたほうがいい**でしょう。

世の中には〝一発屋〟と揶揄《やゆ》される人がいます。そのすべての人がそうだとは思いませんが、なかには自分の成功体験にこだわって、新しいことが考えられず先に進めない人も少なからずいるのではないでしょうか。

失敗も成功も時の運くらいに思っておく

プラスの意味づけができれば、心の風向きが変わる

人は生きているかぎり、「ツイてないなあ」「う～ん、どうしよう。困ったことになったぞ」などと言いたくなる場面に出くわします。

でも、そんなとき、ストレートにネガティブなことを口に出すのではなく、まず、**心の中で「ラッキー」「ありがとう」などポジティブな言葉をつぶやいてみる**という習慣をつけてみたらどうでしょう。

たとえば、朝の通勤時、ホームに駆け上がり電車に乗ろうとした瞬間、目の前でドアが閉まってしまったとしましょう。「なんてツイてないのかしら。一日の出だしからしてこうだもの……。ろくな日にならないかも」と愚痴のひとつもこぼしたいところかもしれませんが、無理にでも「ラッキー」と心の中でつぶやいてみましょう。すると、思考はたちまち前向きに回りはじめます。

「あのまま電車に飛び乗っていたら、何かにつまずいて転んでケガをしていたかも。先頭で電車待ってるのも気分いいし。やっぱり一番っていいな」

いつの間にか気持ちもすっかり晴れていて、胸のつかえもどこかにいってしまったようです。

こんな例もあります。営業職のHさんは、自分が担当した商談があと一歩のところで流れてしまいました。「私のせいに違いない。担当者から嫌われているのかも……」などと愚痴のひとつも言いたいところでしたが、心の中で「ありがとう」とつぶやいてみたら、以下の言葉がスーッと出てきました。

「おかげさまで本当にいい勉強をさせていただきました。ぜひ、再挑戦の機会を与えてください。今回の経験を生かして、次回はきっとご満足いただけるプランをご提示できるようにがんばります」

作りごとや口先だけでなく、心の底から素直に出た言葉は相手の胸にストレートに響きます。このひと言で、取引先のHさんへの評価は上がり、次の機会には契約にまで至る可能性が大です。

ここで大事なのは、とにかく具体的な言葉を、心の中でもかまわないのでつぶやくことです。「前向きにならなくちゃ……」などと頭の中で思うのではなく、「ラッキー」とつぶやいてみるのです。

脳が外部から入ってきた情報を処理するプロセスには感情が大きく関わっています。ごく簡単にいうと、ネガティブな感情は脳のパフォーマンスを低下させるのです。最初に「嫌い」「つまらない」「やりたくない」などといったレッテルを貼られると、脳の働きが悪くなるのです。

逆に「ラッキー」「ありがたい」「がんばろう」といったポジティブなレッテルを貼られると、脳は思考力や判断力などを格段に働かせます。

しかも、このレッテルは基本的には貼り替えが利きません。まさに「最初が肝心」なのです。

心の支えとなる言葉を持っておく

どんな悪感情も「30秒以内」なら取り消せる

気持ちが落ち込んだとき、気をつけなくてはいけないこと……それは、他の人に対して攻撃的になる傾向です。普段なら何でもないことが気になって、怒りっぽくなるのもこんなときでしょう。

「私がこんなに落ち込んでいるのに、あの人はどうしてあんなに元気なの」「私の悩みなんか誰もわかってくれない」などと他人を責めるのは身勝手そのもので、決して褒められませんが、心が弱っていると、こうした罠《わな》に落ちることも少なくありません。これがいわゆる「ねたみ」「そねみ」といわれる感情で、仏教でも忌むべきものとして定められています。

しかし、心が弱っているからこそ、こんな思いに駆られるわけで、心が元気ならば「ねたみ」や「そねみ」など寄せつけもしなかったはずです。そんなとき、

「人を責めてどこが悪い！」「こちらも苦しいんだから仕方ない」と開き直ってしまえるくらいならいいかもしれませんが、なかなかそうはいかないのが人間でしょう。

たしかに「人の不幸は蜜の味」などといって、他人の不幸を喜ぶような風潮はあります。しかし、それを鵜呑《うの》みにしていると、後から「自己嫌悪」という手痛いしっぺ返しを食うことがあるのです。

もともと良識を備えた心優しい人は、人の不幸を喜んだりはしないのですが、たとえば、働いている会社が倒産し、体も壊したうえに親しい人の詐欺にあったなどという環境の変化があったらどうでしょうか。

思わず人を恨みたくなる気持ちも、少しはわかるのではないでしょうか。

ところが、**人をねたんだり不幸を願ったりした後には、激しい自己嫌悪に襲われて頭を抱え込んでしまう**という事態になります。心ある人ほどその反動は大きいのです。

不遇の中ですさんだ心を正すのは、なかなか難しいもの。そうこうしているう

ちに、ひがみと自己嫌悪のループに陥って、すっかり抑うつ的になってしまう人さえいるほどなのです。

それでは、いったいどうしたらいいのか、そのヒントを考えていたら、じつにユニークな方法を教えてくれた友人がいました。彼によれば、その方法とは**「いつでも心をまっさらにできる、30秒ルール」**なのだとか。

そもそも、地面に落としたお菓子などを5秒以内なら拾って食べてもOK（ドライできれいな状態に限る）という子どもたちの「5秒ルール」は、広く全国で知られているものですが、彼の考え出したのはその発展形で、「どんな言葉も30秒以内なら取り消せる」という画期的なものです。

「俺は短気だからよく心の中で、『このバカヤロー』だの『ふざけんな』だのと毒づいていたんだけど、後味が悪くてね。言わなきゃよかったと後悔することが多かったのさ。そこで、なんとか気持ちをリフレッシュしようと考えついたのが、この30秒ルールというわけ。たとえば、『このバカヤロー』って言ったら、**30秒以内に『神様、仏様ごめんなさい。いまのは取り消します!』って、心の中で叫ぶんだ。**そうすると、どんな悪い言葉や感情もリセットされた気分で、すごくラクになるし、自分が嫌いにならなくてすむんだ」

そう言って、大声で笑った顔を見ていると、この方法は意外と有効そうに見えます。単なる気休めだと言ってしまえばそれまでですが、「イワシの頭も信心から」ということわざがあるように、自分自身が信じて念を込めれば、精神的な救いになりそうです。

そういえば、「気分が悪いときは、ほんのちょっと岩塩を口に含むとスカッと気持ちが晴れるの。たいていの悩みはこれで消えるわよ」と言う人もいました。病気のほとんどは「病は気から」という説もあるほどですから、それぞれの人が信じる方法で悩みを解消できれば、それでいいのではないでしょうか。

あなたの近くの、いかにも楽そうに生きている人には、こうしたとっておきのおまじないが、いくつかあるのかもしれません。

必要以上に反省しないほうがいい

「ため込んで爆発させる」のはやめよう

凹んだりイヤなことがあってストレスがたまると、いけないとはわかっていても、近くにいる人に八つ当たりしてしまうことがありますね。「気の毒だ」と同情してくれる人につらく当たってしまう人もいます。そんなことをすれば、後で激しい自己嫌悪が襲ってくるのは確実ですし、人間関係も壊しかねません。その結果、ますます心をすりへらすようになります。

おもしろいことに、スペインでは自動車に八つ当たりするという〝治療〟があるそうです。自動車を破壊して、たまったストレスを発散するもので、日本にもお皿を割ってストレスを解消してもらおうという「皿割りセラピー」があります。

このように、何かを壊すことで心の均衡を取り戻そうとする治療法を「破壊セラピー」と呼んでいます。

これは**「代償行為」**という行動で、心理学的にも効果があるとわかっています。

しかし、実際にやるとなると、お金も手間もかかります。自動車破壊セラピーにいくらかかるかわかりませんが、「皿割りセラピー」は1枚100円からといいますから、けっこうなお値段です。これでは「スッキリしたけれど、請求書を見たら、また落ち込んだ」となりかねません。

「それなら、100円ショップの皿を割れば安上がり」と考える人もいるかもしれません。でも、スッキリした後には片づけが待っているんですよ。片づけているときに割れたお皿で指先でもケガしようものなら、かえってストレスが増えてしまいます。

悩みを吐き出せると、スーッとする

そこでおすすめしたいのが、紙を利用した**「紙破りセラピー」**です。凹んだりイヤなことがあったら、それを紙に書き出してから破るのです。

ただし、プリンターに入っている未使用の紙を使うのはやめましょう。これではお金がかかり、それがまたストレスになります。新聞の折り込みのチラシやポストに投函された広告を使えばいいでしょう。このような使い道があれば、いままで邪魔だと思っていたチラシや広告がありがたく思えるようになって、ここでもストレスをひとつ減らせますね。

チラシや広告を用意できたら、**できるだけ太いマジックで、心が凹んだりイヤだったことを書き出してみます**。たとえば、

「彼女にフラれた。ごめんなさいだって。謝るくらいならつき合い続けてくれよ！　結婚も考えていたのに」

「私には連絡がなかったのに、同窓会が開かれていた。なんだか、みんなに嫌われていたみたい。ショック、ショック」

こんなふうに具体的なことを書いてもいいですし、「凹んだ」と繰り返し書くだけでもいいでしょう。こうしてイヤな気持ちを思う存分書いたら、紙をビリビリ破ってゴミ箱へ投入です。**一度で気がすまなければ、何度でも書き、何度でも**

破って捨てましょう。こうしていると、頭に渦巻いていた後ろ向きな思考がスーッと消えていくはずです。

実は、この紙破りセラピーには、自分の気持ちを言語化して見えるようにすると、それに対処しやすくなる「感情のラベリング」という効果もあり、ただモノを壊すだけの破壊セラピーより高い効果が得られます。

イヤな気持ちを書き出すなら日記でもいいような気がしますが、日記は破り捨てたりしませんね。それで、後で自分が書いたことを読むと、「いくら凹んでいたとはいえ、こんなことを書くなんて恥ずかしい」と、自己嫌悪に陥ったりします。それに加えて、日記は誰かに読まれるかもしれません。それを考えると、またまたストレスになります。だから、気持ちはチラシに書いてビリビリに破り、ゴミ箱に捨てるのがおすすめなのです。

イヤな感情はとにかく書き出してみる

そのむしゃくしゃは、どこからやってくる？

特に理由はないのに、なんとなく気持ちが落ち着かなかったり、無性にイライラしたりする。最近そんな経験はありませんか。

頭痛や肩こりなどと違って、ハッキリした理由のないイライラとか、なんとなく気分の落ち込む状態は、病院に行ったり薬を飲んですぐ治るというものではなく、モヤモヤした気持ちを解消するにはそれなりのテクニックが必要です。

では、こんな正体のわからないイライラの犯人を見つけ出すには、どうしたらいいのでしょうか。

まず、やってほしいのが、**自分の心理を分析するプロファイリング**です。

プロファイリングとは、一般に犯罪の犯人を導き出す犯罪行動学を指しますが、自分自身の心理を分析することで、いま起こっている感情の原因は何なのか、それを分析するのがファーストステップになります。

実際のやり方は、じつにシンプルで簡単な筆記法です。

最近は、紙に書くよりパソコンを利用して文章を書く人のほうが多いでしょうが、分析を目的にする場合は、自分で**紙に書く**のがおすすめです。

英語や漢字を覚えるとき、「単語帳やノートに書いたほうが頭に入る」という声をよく聞きますが、脳を活発に働かせるには、できるだけ手や指を使って五感に訴えたほうが効果的なのです。

イライラの「もと」を探り出すといっても、特に難しい作業があるわけではなく、思い浮かぶシーンや風景、人間や動物、言葉やモノ、音楽や本など、特に意識せず、ただ紙に書き連ねていきます。

最初はノートやコピー紙に、頭の中に浮かんだことをただ書き出すだけです。きちんと文章にする必要なんてありません。

たとえば、年末なら忘年会、サンタクロース、大掃除、紅白歌合戦といったテーマが思い起こされるかもしれませんし、夏なら花火大会やキャンプ、旅行やお盆、帰省や親戚の家が頭に浮かぶかもしれません。

ただし、これは季節の風物詩を思い浮かべるゲームではないので、できるだけ自分の身の回りで起きたことや実際に見聞きしたこと、出会った人や会話の内容など、リアルに書き留めてください。

ランダムに言葉を拾い集める作業ですから、ノートには「田中さん、お葬式、ガス代請求書、金曜日、飲み会、マーちゃん、車検、駅前のパン屋、歯医者予約、嫌味な奴、アンチエイジング、ネットで買い物、携帯買い替え、ローン返済」など、なんの脈略もない言葉がバラバラに並んでいくでしょうが、それでOKです。

そして、これ以上は思い浮かばないというところまで書いたら、今度は**どの言葉に対していい感じをもち、どの言葉に対してイヤな感じを抱くのか**、それをチェックします。

たとえば、いい感じだと思う言葉にはピンクのマーカー、悪い感じの言葉にはブルーのマーカーで色分けすればわかりやすいでしょう。

そうすると、家族に関することはピンクのマークが多いのに、勤め先のことや同僚に関する言葉にはブルーが目立つなど、ある傾向が読み取れます。

ある女性の場合、子どもや友人にまつわることはほとんどピンクで色分けされていたのですが、「いびき」「加齢臭」「靴下」「銀婚式」「焼酎」といった文字がすべてブルーで染められているのを発見。「ああ、自分のイライラの原因は夫にあったんだ！」と、思わず手を打ったそうです。

人間は、自分のネガティブな感情には目を向けたくないものですから、イライラの原因を曖昧にした結果、なんだかモヤモヤした思いだけが残ってしまうのです。そんなとき、この書き出し法を利用すれば、「このあたりに原因がありそう」というヒントは得られるかもしれません。

どうも気分がモヤモヤしてスッキリしないときは、パズルゲームを楽しむ感覚で、自分の心理を分析してみるのもいいのではないでしょうか。

感情にフタをしているとロクなことがない

こまめにストップ・シンキングの時間をもつ

「後ろ向きな考え方をしていると、明らかに脳の働きが悪くなる」というのは定説です。脳の働きが悪くなると、ますます後ろ向きな考えが浮かぶようになりますから、これがさらに脳の働きを悪化させるという「負のスパイラル」に落ち込んでいくのです。

いったん負のスパイラルにとらわれてしまうと、そこから脱け出すのはなかなか難しく、ときには、うつのきっかけになるケースもあります。

しかし、脱け出すのは不可能ではありません。その手段のひとつが、心理療法で使われている**「ストップ法」**です。「負のスパイラルに落ち込みはじめている」と感じたら、その場でストレッチ体操をはじめるものです。

後ろ向きの考え方になりがちだと、「そんなことで脱出できるのか?」と疑うかもしれませんね。しかし、ストップ法というのは、あなたが考えているよりもはるかに強力な効き目があるのです。

「どうすればいいのだろう」「困ったな……」などと悩みながら歩いているときに、人とぶつかって強い衝撃を受けると「ハッ」と我に返ります。これは「悩み」という思考が「全身に受けた衝撃」で弾き飛ばされて起こっています。

しかし、負のスパイラルがはじまるたびに、人混みに出かけて、わざと誰かとぶつかってくるなんて現実的ではありませんね。ですから、ストレッチ体操で、同じような衝撃を脳に与える……というわけです。

心配がおさまる簡単ストレッチ

負のスパイラルがはじまったと、いきなり床に寝そべってストレッチ体操をはじめる必要はありません。イスに座ったままでもできる**「肩の上げ下げ運動」**をおすすめします。手順は、以下のとおりです。

①まず、肩を引き上げます。首をすくめるようなイメージですね。肩を耳につけるようなイメージで、しっかり肩を引き上げましょう。
②次に、一気に力を抜いて肩を落とします。今度は、肩を床に落とすようなイメージです。このときは、手の力も完全に抜きましょう。

これを数回繰り返していると、後ろ向きな考え方が吹き飛ばされて、負のスパイラルから脱け出せます。周囲に気づかれにくい動作なので、ベンチやデスクに座っていてもできるでしょう。

これで考え方を変えられなかったら、次のストレッチをやってみてください。

①手をひざに置いた姿勢で肩を後ろに引きます。
②左右の肩を背中の中心に向け、引き絞るようにすぼめます。
③この状態から一気に力を緩め、肩を元の位置に戻します。

これを数回繰り返すと、脳に新鮮な血液が送られ、悪くなった脳の働きを改善できるはずです。

就寝前にやるなら、次のような**「バンザイストレッチ」**がおすすめです。

①ベッドや布団に仰向けに寝ます。
②両手は頭の上に伸ばし、足先をピンと伸ばしましょう。指先と足先に紐がついていて、その紐を引っ張られているようなイメージでやります。
③しっかり伸ばせたら、力を抜いて大きく息をしましょう。これを数回繰り返します。

体を動かしているうちに、心の乱れが整っていく

心にモヤモヤがあるときは、「一拭き、一拭き」

落ち込んだときの対処法は、人によって、それこそ千差万別です。医師としてはあまりおすすめできませんが、たくさん食べたり飲んだりして気分転換を図る人は多いようですし、買い物で散財してスッキリするという人もいるようです。

また、「テレビを見て気分転換する」という人も多いでしょう。最近は深夜でも衛星放送が楽しめますし、オンデマンドで映画も見られますからね。

たしかに感動的な映画や笑える番組には、すりへった心を修復してくれる一定の効果があります。感動は、前頭葉という脳の高次な部分を刺激することがわかっているのです。

お笑いの殿堂の「なんばグランド花月」の実験によると、たっぷり笑った観客の約8割でナチュラルキラー細胞（NK細胞）が活性化したという結果が出ています。ＮＫ細胞は、強力な免疫細胞ですから、活性化で心身を健全な状態に保てるはずです。

しかし、なかには「見はじめたら止まらなくなって、結局、朝までテレビにかじりついていた」という人もいるのではないでしょうか。「過ぎたるは及ばざるがごとし」ということわざがあるとおり、ここまでいくとちょっと問題です。

テレビを長く見続けたり、内容について考えずにぼんやり見ていると、後頭葉や側頭葉ばかりに刺激が伝わり、前頭葉の働きが低下することがわかっています。つまり、テレビを見すぎると考える力がどんどん衰えていくのです。

では、どの程度の時間なら悪影響を与えずにすむのでしょうか。それは、さまざまな研究で**「2時間未満にしておくべき」**とわかってきました。つまり、2時間ほどの映画作品がちょうどいいということ。ナチュラルキラー細胞が活性化するお笑い番組も同じです。

なお、最近は「オンラインゲームで気分転換を図る」という人もたくさんいますが、これもテレビと同じに、2時間未満にしておくべきでしょう。

気分転換に、掃除はうってつけ

気分転換の方法として、テレビやオンラインゲームより効果があるのが、部屋を掃除すること。よく**「部屋が散らかっている人は、頭の中も散らかって（混乱して）いる」**などといわれますが、これは正しいのです。

汚れた部屋を放っておくと、自己管理できない自分に嫌悪感を抱くようになり、気がつかないうちに心をすりへらしてしまいます。こんな部屋にいたら、落ち込んだ状態から気分転換なんてできるはずありませんね。

また、散らかった部屋は、新たなイライラを生み出す場所になってしまいます。たとえば耳かきひとつ探すにも、読みかけの本を見つけるにも、散らかっていたら一苦労。「どこにいったんだろう、あ〜、イライラする」となってしまいます。

仏教には**「一掃除、二信心」**という教えがあります。宗教には欠かせないのが信心なのですが、それより掃除が前なのに驚きますね。これは、掃除が単に汚れを取り除く作業ではなく、自分の心を磨くことにつながるのを示しています。

しかも、脳には「ひとつのことにしか集中できない」という性質がありますから、部屋の掃除をはじめれば、今日のイヤなことや落ち込んだ出来事などを考えられなくなります。

ためしに、机の上なら机の上、キッチンならキッチンと一か所だけ決めて掃除をしてみましょう。その場所がきれいになると、驚くほどの達成感があります。

一か所が終わったら次の場所、そこが終わったらその次の場所という具合に片づけていけば、部屋はみるみるきれいになっていくでしょう。また、掃除に熱中しているときは、胸のモヤモヤは忘れてしまいます。

そうして、すべての掃除が終わり、きれいに片づいた部屋を見渡すと、心にこびりついていた煤《すす》がスッキリ払われた気分になるはずです。

思いきり体を使うと、心が「空っぽ」になる

「私はできる」と決めてしまう

プロのスポーツ選手や一流のアスリートは、フィジカルトレーニングだけしているわけではありません。欠かせないのが、イメージトレーニングです。実際に体を動かすのではなく、頭の中でプレイするのです。

野球のピッチャーなら投球フォームから、投げたボールがキャッチャーミットにおさまるまでを頭の中で描きます。バッターなら、バットを振り出す瞬間から、捕えたボールがヒットやホームランになる場面を思い描くわけです。

イメージトレーニングは**「メタ認知」**という心理を応用したものです。メタ認知とは「自分が何かを認知しているのを客観的にわかっている状態」。つまり、成功したときのイメージを描き、どのように自分の体を動かせばいいのかを考え、それを実践するために、イメージトレーニングが必要なのです。

アスリートの中には「イメージしただけで成績が上がるなら苦労はないさ」と笑って取り合わない人もいます。しかし、複数の体操選手を2つのグループに分け、一方にだけ練習前の5分間、うまくいったときの演技を心の中で繰り返し映像化するというトレーニングを6日間続けてもらいました。すると、しなかった選手たちよりも確実に成績が上がったのです。

心のすりへりや後ろ向きな考え方から逃れるためにも、イメージトレーニングは有効です。その方法を紹介しましょう。

①寝る前にベッドや布団の上にラクな姿勢で座り、軽く目を閉じて、大きく息を吐いて心を落ち着かせます。

②まぶたの裏に神経を集中し、映画スクリーンのようなものをイメージしましょう。そのスクリーンに、自分がいま達成したいと思っていることが叶ったシーンを思い浮かべます。

実は、たったこれだけなのです。これを毎晩続けていると、**どうすればゴール**

にたどり着けるのか、いま、どこに誤りがあるのかなどが客観的にわかってきます。それと同時に「失敗したらどうしよう」といった後ろ向きな思考から離れられます。「失敗することを必要以上に考えない」のがポイントです。

先に「なりたい自分になっておく」日記

未来日記を書くのも、イメージトレーニングと似た効果が期待できます。書くのはその日にあったことではなく、**「こうなってほしい」という願い、そして達成したときの様子**です。

先ほどの「メタ認知」には「文字に書き出してみることで、もっと効果が増す」という特性があります。うろ覚えで料理をつくると失敗したりしますが、手順を書き出しておけばうまくいくのと同じです。

メンタルヘルスに詳しいイギリスの作家エマ・マリー・スミス氏は、前向きになるための日記の書き方を紹介しています。これを応用し、未来日記をつけるポイントを私なりに7つ考えてみましたので、参考にしてみてください。

①理想的な朝について書いてみましょう。

②感謝の気持ちを伝えたい人の名前を3人以上あげてみましょう。

③誰かにしてあげたいと思っていることを書き留めましょう。

④会いたいと思っている人の名前と、なぜその人に会いたいのか理由を書き出してみましょう。

⑤心配事を3つ書き出し、それらを解決するためにできることを書き出してみましょう。

⑥最高の日にしたい日付を書き込み、なぜその日なのかを書き留めてみましょう。

⑦楽しみにしていることやイベントに対し、名前をつけてみましょう。

思考は必ず現実に影響を与える

「正解」を求めすぎると動けなくなる

精神科医という職業柄、私は毎日のように人の悩みや苦しみに耳を傾けています。いわゆる「カウンセリング」も多いのですが、そのときに困ってしまうのが、「先生、どうすればいいでしょうか」というように、はっきりした答えを求められることです。

日本ではまだカウンセリングが一般的ではなく、ほとんどの人が誤解しているようですが、カウンセラーが積極的なアドバイスをすることは、ほとんどありません。

「こんなことがあったのですが、私の考え方が間違っていたでしょうか」と聞かれても、明確な答えを出さないのが正しいカウンセリングなのです。というのは、問題を解決するのはあくまでも本人で、カウンセラーは解決のヒントがあるところへ話を導くのが仕事だからです。

するとく多くの人が「正解が知りたいんです」というような言葉を返してきます。最近は特にこうした言葉をよく聞くと思うのですが、もしかするとこれは「**テクノストレス**」による反応なのかもしれません。

テクノストレスとは、「イエス」と「ノー」というはっきりした答えが重要視されるパソコンなどのハイテク機器と触れる時間が長すぎるために生じる心理変化です。曖昧な話に強い抵抗感や拒否感を覚えるようになります。

その結果「ああだこうだという話はいいから、何が正解なのか早く教えてくれ！」という気持ちが出てしまうのです。

テクノストレスが悪化すると、人づき合いも苦痛になるため、ビジネスパーソンとしては大きなマイナスとなります。そこで、**曖昧な会話にイライラするようになったら、パソコンなどのハイテク機器から距離を置く時間を増やす**ことをおすすめします。

正解はひとつではありません

あなたが、転職の誘いを受けたとしましょう。いまの職場で目上と折り合いが悪く、毎日つらくてストレスがたまるというなら、その誘いを受けてしまう可能性が高いでしょう。

でも、転職先で望まない部署に配置されたとしたら、どう思うでしょうか。「やっぱり転職しなければよかった」と落ち込み、自分の判断が軽率だったと後悔するのではないでしょうか。

しかし、未来のことは誰にもわかりません。数年後には転職先の部署が好きになっているかもしれませんし、自分でもわからなかった才能を発揮しているかもしれません。そもそも転職して目上という強力なストレッサー（ストレスの原因）から離れられたのですから、それはそれで大正解ではありませんか。

人生というのは選択の繰り返しで進んでいきます。選んでしまった後で「苦しい」「こんなはずじゃなかった」と思うこともあるものです。そんなときは、**「これが正解に向かうスタートラインなのだ」**と考えればいいだけ。つまり、どの選択肢を選んだところで間違いではなく、どの選択肢でも正解なのです。

またまた「無責任な」と思われてしまうでしょうが、「絶対に間違えたくないから、何かアドバイスを」という患者さんに対しては、100円玉を取り出して、「では、コイントスで決めましょう」と提案することがあります。

自分の人生をコイントスで決められてはかないませんよね。だから、ほとんどの患者さんは、驚き、あわてます。言うまでもありませんが、私だってコイントスで患者さんの人生を決めようなどと思っているわけではありません。ただ、「どんな結論を出したところで、それは間違いではない」ということを知ってほしいのです。

失うことを恐れると、いつまでも迷ってしまう

第5章

むやみに
ガマンしない

心のブレーキを、
ポンと外してみよう

「がんばらなきゃ」という考えから離れてみる

「タイプA」という性格傾向を知っていますか。

といっても血液型ではありません。アメリカの心臓内科医フリードマンとローゼンマンが発見した行動パターンのこと。成績がいい学生や有能なビジネスパーソンに多いとされますが、タイプAの人には次のような特徴があります。

①完璧主義者で、短時間にできるだけ多くやろうと精力的に活動する。
②競争心が強い。
③短気で敵意や攻撃性が強い。
④自分への評価や地位にこだわる。
⑤多方面の仕事に没頭して、常に締め切りに追われている。

⑥せっかちで動作が速い。

競争社会を勝ち抜くうえでは不可欠な特徴も多いようです。だから、「少なくて残念」と思った人もいると思います。しかし、私に言わせれば「残念」どころか「よかった！」です。

なぜなら、**タイプAの人はのんびりしている人と比べて、狭心症や心筋梗塞などにかかる確率が2倍、心筋梗塞の再発率にいたっては5倍に達する**という調査結果が出ているからです。文字どおり、心身をすりへらしながらがんばっているというわけですね。

タイプAの困ったところは、「たまには仕事のことを忘れて、ゆっくり休んでは」とアドバイスをしても、**ゆっくりすることがストレスになってしまう**という点でしょう。①から⑥の項目のいくつかが当てはまった人も同様で、のんびりしても心の傷を癒やすことは難しいのです。たとえ海辺や川辺で、波や水の流れを眺めても、「こうしてはいられない」と思ってしまうでしょう。

自分がタイプAか、それに近いとわかったら、心のすりへりを癒やすときにはにぎやかに過ごすしかありません。

実は、現実的な解消法があります。それはテレビの「お笑い番組」を見ることです。コントなどを見て人目を気にせず心から笑っていると、リフレッシュできるはずです。

また、テニスやゴルフで、誰か——できれば、自分より少しだけ弱い人と競いあうのもいいでしょう。タイプAはスポーツでも勝敗をキッチリつけたがるので、水泳やジョギングをするときも、タイム争いをするといいのです。

手を抜くことも覚えてみる

とはいうものの、こんな生活を続けていたら、心身ともに疲れ切ってしまうでしょう。そこで、もう一つ心がけたいのが**「まっ、いいか」を口ぐせにする**ことです。

これまでこなしていた仕事の量が2、3割少なくなったりすると、「これではいけない」と考えがちですが、そんなときこそ、「まっ、いいか」ですますのです。

タイプAの人にかぎったことではなく、日本人はよく「がんばりすぎ」といわれます。日本では年間数百人もの過労死が報告されていますが、海外から見ると驚くべき数字で、しかも「過労死」という単語自体が存在しない国もあるくらいです。数年前にBBCで日本の過労死問題を取りあげましたが、やむなく「KAROSHI」という単語で表現していたほどです。

言うまでもありませんが、死は取り返しがつきません。だから、その前にがんばるのをやめる必要があります。そのために「まっ、いいか」を口ぐせにしてほしいのです。

ただ口ぐせにするだけで、気持ちや行動に変化があらわれ、ストレスを緩和させられます。これは**「自己催眠作用」**という心理によるものです。

「でも、『まっ、いいか』と言うと自己嫌悪に陥る」とか、「やっぱり、もっとがんばらなければダメだ」と言い直す人もいるでしょう。

しかし、疲れたら休むというのは当然ですし、疲れると集中力が続かず、仕事の効率も大幅に落ちてしまいます。だから「まっ、いいか」という言葉で仕事を切り上げたり自分を許すというのは、「今以上にがんばるため」と考えてみましょう。

がんばらなければ、うまくいく

勝手にはじめた自己犠牲をやめる

前項で「タイプA」という行動パターンがあることを紹介しました。実はこれ以外にも「タイプB」「タイプC」という行動パターンがあります。

タイプBとは、タイプAとは対照的に、常にリラックスしていて行動もゆったり型です。この行動パターンからも想像できるとおり、健康面でのリスクは特になくて性格は穏やかです。ただし、マイペースすぎるため、時間にルーズな人もいます。

それに対し、タイプCにはガマン強く自己犠牲的、真面目で几帳面、自己主張が少ないなどの特徴が見られます。世の中には「自分さえよければいい」「他人なんてかまっていられない」という人も多いのに、とても貴重な存在です。当然、周囲からも「いい人」という高い評価を得ているようです。

本来なら、「がんばってこんな人になりましょう」とすすめたいところですが、タイプCの人もちょっと問題を抱えています。それは、**「がん」にかかりやすい**ということです。実は、タイプCの「C」は、A、B、CのCではなく、「Cancer」つまり「がん」の頭文字です。

心理学者のリディア・テモショック博士らの調査によると、がん患者の75パーセントに前述のような行動パターンが見られたといいます。しかもタイプCの人は、いったん発症してしまうと進行が早い傾向もあったそうです。

こんなことが起きるのは、周囲との摩擦を避けようとして、自分の気持ちを抑え込み、それによって激しく心をすりへらしている……。つまり、大きなストレスがかかっているためと考えられますね。

我を通さず周囲を気づかうのは悪いことではありません。でも、病気のリスクが高くなってしまうのでは割にあいません。

たとえ病気にならなくても、自分の気持ちを無理して抑え込んだり、本心ではないことを続けていれば、心身に変調が出ます。そこまで無理をしなくていいのではありませんか。

わがままになってもバチはあたらない

ここで注意してほしいのが、「自分さえよければいい」という考えではないという点です。**タイプCの人は、周囲に利用されてしまうケースが多い**ので、せめてそれだけは避けてほしいのです。

あなたの周囲にお願いばかりしてくる人がいませんか。また、「〇日の△時に食事しようよ。いつもの店で待ってるね」のように、こちらの都合をまったく聞かずに予定を決めてしまう人もいます。これはすべて、相手が「絶対に頼みを断らない」「こちらに合わせてくれる」と考えている証拠です。

こういう人は、あなたのことを「友だち」ではなく「都合のいい人」「格下」と見ているのかもしれません。

そして、そんなときにあなたは、自分は断っているつもりでも、「行けるとは思うけど」「行けたら行くわ」など、**相手にハッキリ伝わらない断り方をしていませんか**。

これからは自分の心をもう少し尊重して、「それはできない」「その時間に行くのは無理です」と相手の要求を断ったり、「実は私にもお願いがあるんだけど」と助力を依頼してみましょう。

いままで一度もそんなことを口にしなかったのですから、周囲の人は驚くと思います。タイプCの人はこのような反応に慣れていないので、自分が悪いことをしているような気持ちになるものです。

しかし、人間関係というのはギブ・アンド・テイクが基本ですから、気にすることなどありません。

なかには、あれこれ言い訳をしてあなたのお願いを断り、距離を置く人もいると思います。それは、あなたを都合のいい人と思っていた証拠ですから、これも気にする必要などありません。

こんな人が近くにいると、病気になるリスクが高くなっていきますから、遠ざかるままにしておきましょう。

「自分に不利益をもたらすかもしれない」「気が進まない」と感じることは、実は生きるために大切なセンサーといえます。それを封じ込めてしまうと、自分の心の許容量を超えてパンクしてしまうのです。

どうせ無理と勝手にあきらめない

怖くてできなかったことをしてみよう

ストレスをためやすい、ちょっとしたことで大きく落ち込んでしまう、精神的な疲労から立ち直るのに時間がかかる……。

こうしたことがありがちな人には、共通した傾向があります。それは何かというと、組織内や友人たちの間で「いい人」と呼ばれていることです。

以下の項目のうち、あなたに当てはまるものがいくつありますか？

・自分の考えを押し通すよりも周囲の人の意見に従うことが多い。
・なんとなく人の顔色や言動をうかがってしまう。
・人前で自分の感情をあらわにすることはめったにない。
・周囲の期待に応えて、がんばってしまうほうだ。

・つらいことがあってもかなりガマンできる。
・人から頼まれるとNOと言えない。
・人に嫌われたくない。
・思っていることを口に出せない。

以上の項目に半分以上当てはまるようなら、あなたの「いい人」度合いはかなりなものです。

「いい人」は、自分を抑えて人を立てる傾向があるので、人間的に成熟している人という印象がありますが、実際はそうではありません。

実は、**自信をもって自分を打ち出せず、自分の選択に責任をもちたくない、未成熟な人間**である場合が多いのです。自己主張ができないばかりに周囲に振り回されている人といってもいいでしょうね。これでは心がすりへり、ストレスがたまるのも当然です。

まわりは「もっと早く言ってくれたら」と思っている

「いい人」と呼ばれることで密かな自己満足を得ている人もいますが、他人にとって「いい人」とは、イコール「都合のいい人」であり「どうでもいい人」でしかない場合が多いのです。

では、「いい人」をやめるにはどうすればいいのでしょうか。

つらいときや大変なときは、思いきって自分をさらけ出し、**周囲に向かってSOS信号を発してみる**ことです。

「この仕事、一人でやるのは大変なの。明日中に仕上げるように言われているんだけど、少しでいいから手伝ってくれないかしら」

こんなことを言うのは、自分を抑えて生きてきた人にとって、特に最初はかなり高いハードルのように感じられるかもしれませんが、案ずるよりも産むが易し、とにかく実行してみることが第一です。

周囲の人は、あなたのがんばっている姿に水を差してはいけないと、これまで救いの手を差し伸べにくかっただけとも考えられます。

あなたからのSOSに、周囲は「やれやれ、やっと出たか」と、かえってホッとしているかもしれません。

もしも、言いようのない不自由さや窮屈さを感じていたら、上着を一枚脱ぐつもりで「いい人」の仮面を外してみたらどうでしょうか。きっと人生の感触はずっと軽やかになるはずです。

「誰かのため」はいったん横へ

気を張らなくても「なんとかなる」ものです

よく「人間は言葉を使える唯一の動物」といわれます。チンパンジーに手話を教えると〝会話〟ができるようになるとか、クジラやイルカは鳴き声でコミュニケーションするといいますが、言葉で自分の気持ちや考えを伝えることができるのは人間だけのようです。

たしかに、人間の知能がケタ違いに高くなったのも、言葉を得たからとされています。つまり、言語と脳の働きには大きな関係があるのです。特に、私たちが使っている日本語は特殊で、そのため日本人の思考は他の言語を使う人たちとかなり異なっているともいわれます。

世界中を見回しても、日本語ほど繊細で語意に富んだ言語はありません。なかでも特徴的なのが、曖昧な意味の単語が多いという点です。

たとえば「大丈夫」という言葉もそうでしょう。もともとの意味は「安心していられるほどにたしかなこと」ですが、「これ以上かまわないでほしい」という意味で使う人もいます。これは、心に壁をつくっている人に見られる特徴のひとつです。

「心に壁をつくる」というと偏屈な人をイメージするかもしれませんが、実は「できるだけ迷惑をかけたくない」「自分がガマンすればすむことだから」のように、遠慮の気持ちが強い人が多いようです。つまり、**「本当は助けてほしいけれ**

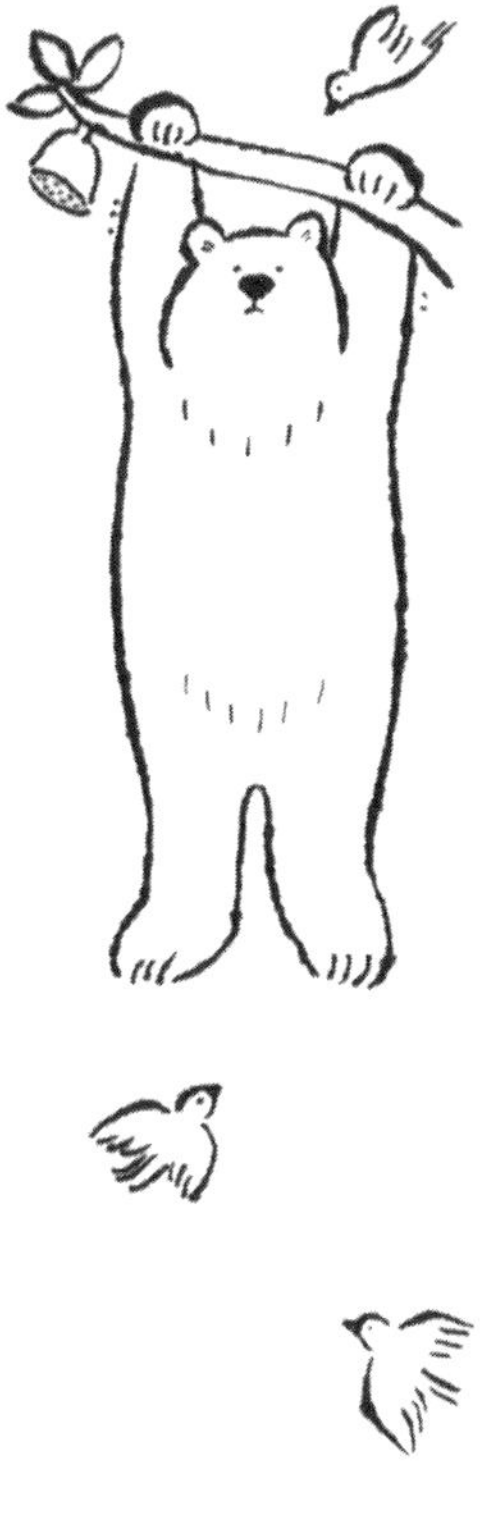

ど、申し訳ないので、助けてほしいと言えない」わけです。

「私にはできない」「誰かに教えてもらわないとダメ」と、すぐに泣き言をいい、些細なことでも誰かに頼ろうとする依存体質は考えものです。精神分析医の土居健郎博士も『「甘え」の構造』という著書で指摘しているとおり、特に日本人は依存傾向が強いとされていますから、「自分でできることは自分でやる」という自立精神をもつようにしたいものです。

一方で、この気持ちがあまりにも強くなりすぎると、精神的に孤立し、必要以上に心をすりへらすようになってしまうのです。

「言わないでいる」から話がややこしくなる

人間はお互いに助け合い協力することで暮らしを向上させ、文化と文明を発展させてきました。つまり、もともと助け合うことが当たり前でした。それなのに、相手の好意を「大丈夫です」という言葉で拒否するのは、どうでしょうか。

孤独感に苛《さいな》まれていたり、心をすりへらしている人に、「周囲の人に『助けてほしい』と言ったことがありますか?」と聞くと、「みんな忙しいし、冷たいから、そんなこと言っても助けてくれるわけがないでしょう」という返事があることが多い気がします。でも、「実際にそんな経験がありますか?」と再度聞くと、ほとんどの場合、「経験はありませんが……」と言うのです。

たしかに、忙しい人や冷たい人もいるでしょう。しかし、人には「誰かに頼られたい」「誰かの役に立ちたい」という心理があります。これは「共依存」という心の動きで、とても強力なものですから、「実は……」「お願いがあるのだけれど……」などと心を開いて話せば、できる範囲で快く助けてくれるはずです。相手から「手を貸しましょうか」など申し出があったなら、なおさらではないですか。

本人は相手に気をつかって「大丈夫」と断っているつもりかもしれませんが、**相手の「誰かに頼られたい」という欲求を否定しているの**で、気をつかうどころか気分を害する可能性が高くなります。これでは関係もうまくいかなくなり、ますます心をすりへらすでしょう。

だから、声をかけられたときには素直に助けをお願いすること。そうすれば、心のすりへりも軽くなるはずです。

いつまで「大丈夫」を続けるつもり？

しっかり者のあなたほど人に甘えてもいい

「自分さえガマンすればなんとかなるから」「人に迷惑をかけず、自分一人でがんばってみよう」と考えたことはありませんか。

特に、真面目な中高年サラリーマンや責任感の強い中間管理職によく見られるようですが、このタイプは、何でも自分で抱え込んで、そのストレスで体調を壊したりすることさえあります。

こうしたストイックな生き方は、職人気質《かたぎ》の典型のように思われて、それなりの尊敬を集めたりもするのですが、外国企業では、「自分一人で仕事を抱えて部下に役割分担をしない上司は無能だ」と見なされたり、スタンドプレイをしてチームワークを乱す人として批判されてしまいます。

それは、ビジネスの世界だけでなく、家庭でも同じことです。家事を自分だけで独占して家族にシェアしない主婦や、何でも一人で判断する夫が典型で、上手に家庭の管理ができない人として知性を問われます。

最近は、仕事や役割を上手にシェアして、部下や家族の能力を伸ばせる人が優秀な人材として求められていますから、まずは何でも「自分一人で抱えてがんばる」という考え方を見直しましょう。

必要なときに他の人に助けてもらったり、協力してもらうのは当然のことですし、その手順をスムーズに進められるのが、手腕のある人ということになります。

そして、うまく責任分担のできる人は、自分に対するプレッシャーが軽くなるので、それだけ、行動や発想の自由度が増すのです。

受け取りやすい「会話のボール」がある

ただし、他の人に仕事や役目を割り振るにしても、賢い人はちょっとした工夫をしているのです。

単に「これお願いします」「これを○日までに仕上げてください」といった依頼の仕方でも間違ってはいないのですが、もう一言添えるとコミュニケーションをもっと円滑にできます。

たとえば、「○○してください」と言うかわりに、**「○○していただけるとありがたいのですが」「○○していただけると助かります」というふうに感謝の気持ちを伝える**と、相手の心証はずっとよくなるはずです。

感謝をされて怒る人はいません。まずは相手に敬意を払って依頼すると、その後のリアクションが違ってきます。

また、「この件は、ぜひとも○○さんにお願いしたいんです」「これは、○○さんが適任だと思います」というふうに、「他の誰でもなく、○○さんにお願いしたい」という気持ちをあらわすと、受けるほうのモチベーションも自然と上がるのではないでしょうか。

たまに、「ああ、○○さんでいいからこれやっといて」などと投げやりに仕事を頼む上司がいますが、それでは相手の意欲を失わせるばかりで、部下にも失礼です。他の人の力をうまく活用すれば、無理なく効率的な作業ができるので、相手の能力をうまく引き出すためのテクニックは不可欠です。

それは、仕事場だけでなく家庭でもいえることで、自分の意思で夫や子どもの面倒を一手に引き受けている主婦に、「私だけが大変な思いをしている」と言われたのでは、家族の立場がありません。

たしかに、いちいち教えながら家事を手伝ってもらうのは面倒で、「自分でやったほうが早い！」と思うのも無理ありませんが、家族で協力しながら成長していくためには、あなた自身が一皮むける必要があります。

そして、相手を気持ちよく乗せながら、効率よく作業を進められたら文句なし。これこそ、主婦としての、知性と手腕の見せ所といえるでしょう。

自分は犠牲的精神を発揮しているつもりでも、それで精神的なストレスを抱えたのでは、なんのメリットもありません。もっとラクに生きようと思ったら、まずは上手に他人の力を借りるテクニックを身につけることです。

「他力」にうまくのっかろう

本当の気持ちを告白しよう

心が暗くなるようなことが続いて、「自然に笑えない」「悩みが頭から離れない」「他人のことを気にする余裕がない」ということがありませんか。思い当たる人は、自分の心を守るために、「誰かに話す」ことを考えてみてください。

「**カタルシス効果**」という心理があります。自分が抱えている悩みや悔しさを口に出すと、それだけで心が浄化される——つまり、気分がスッキリしてストレスが解消されるという心理です。あのフロイト博士が精神療法として取り入れていたほど効果があるものです。

コロナ禍の中で、女性と若者の自殺が急増しました。それを減らすために役立っているのが「いのちの電話」に代表される電話相談のシステムです。

このような電話相談を利用したことがない人はご存じないでしょうが、相談員は「死んではダメ！」「がんばって」などとは口にしないで、電話をかけてきた人の悩みを聞くことに専念しています。

「それだけ？」と驚かれるかもしれませんが、悩みを聞いてもらうだけで、相談者の「死にたい」という気持ちは確実に薄らぐのです。これも、カタルシス効果を利用したものです。

心が暗くなり、「なんとかしなければ」と思ったときにおすすめしたいのが、家族や友人、知人に話を「聞いて」もらうことです。「聞いて」の部分をあえて強調したのは、**アドバイスをもらう必要はない**と覚えておいてほしいからです。

なぜなら、的外れな意見や助言、批判などはストレスを増やすだけ。だから、話を聞いてもらうだけにしておきます。

ただし、話を聞いてもらう相手は女性にしましょう。女性は男性よりもストレス耐性が高いことが、さまざまな研究で明らかになっています。これを「思考が可塑《かそ》性に富んでいる」と言うのですが、女性が男性に比べて「頭が柔らかい」と言われることが多いのはこのためと考えられています。

ところが、男性の場合はストレスに耐えきれず、「いいよ、もう聞きたくない！」とキレたり、「オマエも悪いんじゃないか」といった、とんちんかんな結論を出して逃げ出そうとします。これではカタルシス効果は得られないどころか、ますます心をすりへらすようになってしまいますね。

ところで、「相談したい」気持ちはあるけれど、それを話せる人が誰もいない、という悩みを抱える人も多いでしょう。そんな場合は、まず**「ぐちメモ」を書いてみてください**。悩んでいることをメモに書き出してみるのです。

腹が立ったこと、気に入らない人の悪口、思うようにならないことなど、なんでも吐き出すと、大いにカタルシス効果をあげられます。そして、そのメモ用紙をぐしゃっと丸めて、ゴミ箱にポイッと捨てる……。気持ちがスッキリするでしょう。

自分を隠さない勇気をもとう

ひとりで「なんとかしよう」としなくていい

真面目、几帳面、神経質、完璧主義、がんばり屋……。

このような性格の人が陥りやすい共通の傾向をご存じですか？

答えは、ガス抜きが下手で、落ち込みやすいことです。こうしたタイプの人は概して**優等生で負けず嫌い**。**他人には弱みもスキも見せたくない**と思い、心身の不調があっても、そこには目をつぶって、全力投球をし続けてしまうのです。

当然、反動があります。ことわざでいえば、「柳に雪折れなし」の逆で、「木強ければ折れやすし」でしょう。猛スピードで走っていれば、ちょっとしたモノにつまずいただけでも大きなケガに結びつくことがあるように、些細なことでガクンときてしまうのです。長年、無遅刻無欠勤だった人がいきなり退職せざるを得なくなったり、長期の休職に追い込まれたりすることも稀ではないのです。

そうならないためにはどうしたらいいのでしょうか。

そもそも人間というのは強い生き物ではありません。ですから、つらいと思ったら、ときには**自分を全部投げ出して、人にすがってもいい**のです。

薬剤師として調剤薬局で働くK子さんは、自他ともに認める才色兼備な女性です。子どもの頃から周囲に褒められ続けてきたからか、いつでもなんでも平均点以上でないと気がすみません。

調剤薬局というのはじつに神経が疲れる職場です。いろいろな病院の、さまざまな科の患者さんの処方箋に対応するので、常に神経を張りつめ、緊張して仕事をしています。最近、「かかりつけ薬剤師」という制度もできたので、夜間や休日に患者さんから直接電話がかかってきたりします。

また、K子さんは離婚しています。それで、子どもを保育所に預けて、朝晩の送迎をしながらハードな仕事を続けているのです。

離婚は自分自身が望んだものでしたが、ときには心も体もクタクタになり、子どもの寝顔を見ながら、ふいに涙がこみあげてくることさえあるとか。

そんな夜、K子さんはいつも必ず、ルーティンといってもいい行動をします。それは、**幼なじみの親友に電話するかメールを送る**のです。

親友は彼女の人生のほとんどを知っています。夜遅くに電話をかけてきたり、メールを送ってきたりするのは、彼女がそうとう参っているときだとわかっています。ですから親友のほうも、何時だろうと即座に反応します。

そしてときには、母親が子どもをあやすようにやさしく、ときには父親が愛情いっぱいに叱責するように接するのです。

そんな時間を過ごすことでK子さんが救われるのはいうまでもありませんが、実は親友のほうもこうした機会があることで大いに救われているのです。

このような関係を**「相互依存」**と呼びます。お互いにいいところ、悪いところすべてを認めあい、それを受け入れたうえで築く信頼関係を意味しています。

誰にだって弱さを見せていい

あなたがまず、自分の心を助けてあげる

元気で楽天的な40代の管理職の女性がいました。彼女の口ぐせは「どんなイヤなことも、ひと晩寝ればスッキリ忘れるわよ」。部下を励ましながら引っ張っていくリーダーシップは会社の上層部からも一目置かれるものでした。後輩たちからは慕われ、周囲からは〝強い人〟と見られていました。

その彼女が体調不良になりました。疲れやすく、腰にも痛みが出たため、大学病院で検査を受けたところ、子宮頸がんが見つかりました。

診断結果を聞いた彼女は、ガックリと落ち込んで、会社も休みがちに。家ではご主人とも何も話さないようになってしまいました。

いままでの明るく元気な姿が想像できないほど心を閉ざしてしまった姿を見て、ご主人が助けを求めたのは、心理カウンセラーでした。

カウンセラーは穏やかな口調で彼女に語りかけました。**「あなたが恐れているのは、いったい何なのでしょう**。その中身がわかると、なーんだと緊張が解けるかもしれません。私も一緒に、その謎解きをさせてもらえませんか」

すると彼女は、小さな声で途切れ途切れに言いました。「気持ちの整理がつかなくて……。弱い自分を見せるのがイヤで……。混乱している自分を他人に見られるのがイヤで……」

そして彼女は大粒の涙を流しました。人前で涙を流すのは初めてだったようですが、いったん心の垣根が取り払われると、自分の気持ちを安心して話せるようになっていったのです。

このように、いつも元気で明るい自分を演じている人ほど、厳しい試練に襲われると、どう対処していいのか見えなくなりがちです。

「苦しいときは弱音を吐いていいのです。つらいときはつらいと言って、涙を流していいのです。無理に強がる必要なんてありませんよ」

カウンセラーがそうアドバイスするうちに、彼女はいまの自分をさらけ出し、現実と正面から向き合えるようになっていきました。

自分が求めているものは何か、自分が欲しているものは何か……。それは自分の心をしっかり見つめることでわかってくるものです。

空海は**「実のごとく自心を知るなり」**と教えました。悟りとは、あるがままの自分の心を知ることであるという意味です。つらいこと、悲しいこと、悩んだり妬んだりすることなどがあると、感情に支配され、我を失ってしまうのが人間というもの。そうした感情に振り回され、支配されているのが自分の心だと認識しなさいと教えているわけです。

自分の心を抑え込んだり、否定するのではなく、しっかり見つめ直せば、本来の自分の姿が見えてくるのではないでしょうか。そして、そうなったときに初めて、無理なく生きられるようになるのでしょう。

自分に厳しい目を向けるのは、ほどほどに

心の鎧を脱いでみませんか？

まわりの人がみんな元気でハツラツと輝いて見え、自分だけが何をしていいかわからず、イライラしたり悲しくなったりした経験はないでしょうか。

ＯＡ機器の営業を担当する40代のA子さんの場合は、後輩のひと言が引き金となって、どんどん気持ちが落ち込んでいったそうです。

彼女の職場には20名ほどの営業社員がいます。年齢はばらばらですが、すべて女性です。そのなかでA子さんは営業成績がよく、たいてい月間売り上げのベスト5に入る。上位の順位は毎月入れ替わるので、それが「よし、今月こそは！」という励みになっていたといいます。

あるとき、売り上げナンバーワンをA子さんの後輩のB子さんがとりました。順位の入れ替わりはよくあることなので、特に「負けた」という意識はなく、

「よし、次は先輩の意地をみせてやろう」くらいに思ったそうです。

しかし、若い後輩が「B子さんは子育てしながらこれだけの売り上げを出せるなんて、本当にすごいですよね。心から憧れちゃいます」と言ったのが妙にひっかかってしまいました。B子さんは30代で子どもを出産し、職場復帰を果たしたばかりだったのです。

A子さんは独身。仕事は自分の力でどうにかなるけれど、結婚や出産は自分の力だけではどうにもならない。40代に入ったとき、「この先に結婚はあっても、出産は期待しない」と思っていたA子さんでしたが、虚しさで胸がいっぱいになってしまいました。

そんな思いを忘れようと仕事に没頭し、翌月、翌々月に連続して売り上げナンバーワンをとったのですが、気持ちが晴れるどころか、余計に落ち込んでいったといいます。なぜなら、「私には夫も子どももいないんだから、仕事ぐらいできて当たり前」「後輩たちだって、子どものいるB子は尊敬できても、独身の私には憧れないいんだ」という思いが頭にこびりついて離れなかったからです。

その頃から、A子さんは自分だけが取り残されたような疎外感を覚えるようになったといいます。
しかし、男勝りで明るいタイプだったので、落ち込んでいる自分を悟られたくなかったし、「結婚できないことを悩んでいる」などと絶対に思われたくなかった。そんなことはプライドが許さなかったからです。
だから、それまで以上に元気に振る舞い、仕事にもどんどん取り組みました。仕事に追われていれば、イヤなことを忘れられると思ったのです。
しかし、ある日突然、ベッドから起き

上がれなくなってしまいました。とめどもなく涙があふれ、自分ではどうしようもなくなってしまったのです。

A子さんのように、**心に受けた傷を無理に隠し続けて、かえってストレスを増大させ、一気にうつを悪化させてしまう人**がいます。ここまで来ると、時間をかけて自己否定で固くなった心を解きほぐし、少しずつ「自分は自分でいいんだ」「自分にはたくさんいいところがある」という思いを取り戻していかなくてはなりません。

キュッと閉じた心をひらく

私たちは誰でも、多かれ少なかれストレスを抱えて生きています。しかし、美味しいものを食べたり、趣味に没頭したりして、うまくストレスを発散させている人もいれば、「苦しいこともあれば楽しいこともあるさ」とか、「悩んでいたって仕方ない、どうにもならないことはどうにもならない」と、自分の気持ちにようやく折り合いをつけながら生きていける人もいます。

しかし、A子さんのように、ストレスを隠そうと強い力で押しつけたり、ストレスの原因から目をそむけてばかりいると、かえってそれを意識して、さらにストレスを呼び込む結果になってしまうのです。

悩みを抱えた人は、誰かに悩みを打ち明けると、心を軽くできるケースが多いのですが、悩みを人に打ち明けるのは、自分の一番弱いところをさらけ出すようで、なかなか簡単にはいかないでしょう。

特に家族や友人などの親しい人には、少しでも自分をよく見てほしいとか、心配をかけたくないという気持ちも働くから、かえって言い出せない場合があります。また、打ち明けた後で、「あんなことを話して、イヤな性格だと思われなかっただろうか、私を嫌いにならなかっただろうか」と、もっと落ち込んでしまう人もいます。

だからこそ、こうした悩みは専門家に打ち明けることをおすすめします。専門家なら、あるがままに悩みを受け止めるし、「相手にどう思われたか」など、余計なことを気にせずにすむでしょう。

また、専門家のいいところは、すぐにアドバイスしたり解決案を出さないところです。一般の人は、悩みを打ち明けられると「なんとか解決してあげなくては」と先を急ぐばかりに、あれこれアドバイスをしたり、励ましすぎてしまいます。でも、これが悩んでいる人の心を不安定にしてしまうのです。

心の悩みで専門家を訪れるのに抵抗感がある人はまだまだ多くいます。しかし、心の荷物を一人で抱え続けていれば、いつかは疲れ切って立ち上がれなくなってしまうかもしれません。**専門家は重たい荷物を消し去ることはできないけれど、一時的に預かってくれたり、一緒にもつのを手伝ってくれる存在**といえます。そんな存在があることを、ぜひ心に留めておいてください。

気持ちをグッとガマンする人生は卒業

第6章

あえて孤立しない

「できない」と言うと
できなくなる

このひと言が言えないからこじれる

「新しくできた駅前のショッピングモールに行ってみない？」

「**でも**、混んでるんじゃないの？」

「どうして約束の時間が守れないわけ？」

「**だって**、大渋滞に巻き込まれちゃったんだもの」

「たまには宝くじでも買ってみようか？」

「**どうせ**、外れるから買わない」


何かというと「でも」「だって」「どうせ」という言葉を使って、否定的な発言をする人がいます。

よかれと思って誘ったり提案したりした相手は、自分を否定されたように感じておもしろくありません。当然、雰囲気は悪くなります。

「でも」「だって」「どうせ」の頭文字から〝D軍団〟と呼ぶこともあるようですが、こうした否定語を使うことが多い人は、どんな性格で、どんな深層心理が働いているのでしょうか。

性格的には、**決断が苦手で、優柔不断、プライドが高く、その裏では責任をとりたくない、自分に自信がもてない、いざとなったら責任転嫁しようといった心**

理の持ち主です。

これでは相手から信用されず、本人も負のオーラに包まれてしまいます。特にオフィスで〝D軍団〟の言葉を連発するのは甘ったれもいいところです。一人前と見なされず、そのうちに誰からも相手にされなくなってしまいます。

では、もしあなたがこうした否定語をよく使っていると気がついたら、どうしたらいいのでしょうか。

とにかく使わないように心がけることです。かといって、言われたことすべてを肯定しろと言っているわけではありません。否定する場合は、D軍団の言葉を使わずにはっきりとその理由を伝えればいいのです。

「そうなんだ」といったん認める

誰にでも「自分を認めてほしい」「自分のことをわかってほしい」という気持ちがあります。心理学では「承認欲求」と呼んでいます。

人は、承認欲求が満たされると満足して幸福な気持ちになりますが、逆に「認めてもらえない」「理解されていない」と感じると、怒りの感情がわいたり、落ち込んだりする人もいます。だからこそ、人間関係は難しいといわれるのでしょう。

人づき合いで大切なのは、少なくとも、相手の意見や話を頭ごなしに否定しないことではないでしょうか。そのために利用したいのが**「クッション話法」**です。まずいったんは相手の意見を受け入れて（ここがクッションの由来です）、その後の話を進める会話テクニックです。

クッション話法には次の4つのタイプがあります。

①イエス・バット法

「なるほど」「そうですね」のように、いったんは相手の意見に理解を示します。そのうえで、「でも……」とか「やはり……」と、相手の誤りを指摘したり、自分の反対意見を伝えたりするもの。

たとえば夏休みが近づき、「どこかへ旅行に行きたいわ」と言ったとしましょう。しかし、ご主人はイヤな顔をして「どこへ行っても混んでいるからイヤだよ」と、とりつく島もありません。こんなときは、「そうね、たしかにお盆休みは混んでいると思うわ。でも、少し日にちをずらせば空いているんじゃないかしら」と話すわけです。

このように、**いったん自分の意見を受け入れてもらうと、相手の意見も受け入れやすくなります。**反対に、いきなり「しかし」「でも」というような否定につながる言葉を返すのは避けるほうが賢明です。

②イエス・アンド法

まず相手の言葉に理解を示すのは「イエス・バット法」と同じですが、その後に「それなら……」「実は……」など、**否定の意味をもたない言葉を使って自分の主張や相手の誤りを伝える**会話法です。旅行の話を例にあげると、「そうね、たしかにお盆休みは混んでいると思うわ。それなら、旅行の日にちを少しずらすというのはどうかしら。実は、2〜3日ずらしただけでホテル代もすごく安くなるらしいの」と話せばいいわけです。否定の言葉が入らないため、イエス・バット法よりもさらに意見を受け入れやすくなります。

③イエス・イフ法

相手の意見に理解を示した後で、「もし……」「たとえば……」という**仮定の言葉を使って、別な意見を示す**話し方です。旅行の話なら、「そうね、たしかにお盆休みは混んでいると思うわ。もし、あなたが休みを前倒しでとれれば、少し早めに出かけることができて、それなら混雑も少ないと思うんだけど」などと話します。すると、「なるほど、そういう手があったか」のように、耳を傾けやすくなります。

④イエス・ハウ法

相手の意見に理解を示した後で、**どこまでなら譲歩できるかを「どのくらい**

……」「どうすれば……」などの言葉で探る話し方です。旅行の話でいえば、「そうね、たしかにお盆休みは混んでいると思うわ。いつぐらいなら空いていると思う？　で、その時期にあわせて休みをとってもらうにはどうすればいいかしら」などと話します。

このイエス・ハウ法には「私の意見に興味をもってくれている」「私のためにいろいろ考えてくれている」といった好印象を与える働きもあり、好感度のアップも期待できます。

どの話し方を使うにしても、大切なのは相手の意見や主張を頭ごなしに否定しないこと。それが身につけば、周囲との衝突も少なくなるでしょう。

めんどくさいことにあえて心を込めてみよう

誰であっても大切な人として接する

誰かに好意をもつと、相手も好意をもってくれる……その心理現象は、「好意の返報性」と呼ばれます。好意が態度にあらわれるために起きるものです。親切にしたり、困っているときに助けてあげたりするのが代表的な例でしょう。

この**「返報性」は、好意だけではなく、すべての感情に当てはまる**のがわかっています。あなたが敵意をもっていると、相手もあなたに敵意をもちますし、誰かがあなたに苛立《いらだ》ちはじめると、あなたもその人に苛立ちを感じてしまうわけです。

「心をすりへらしたくない」と思うなら、まずはまわりの人を苛立たせない努力をしてみてください。ポイントは謙虚な態度。でも、残念なことに、人間は知らず知らずのうちに謙虚さを忘れ、傲慢になっていくもののようです。

「あの人、最近、天狗になってるよね」

「昔は腰が低くていい人だったのに」

こんな評価がよく聞かれるのもそのためです。

しかし、謙虚だった人がある日突然、傲慢になるわけではありません。謙虚と傲慢の関係はシーソーのようなもので、**謙虚な気持ちが下がっていくにつれ、傲慢な気持ちは上がっていき、つりあった直後から傲慢な部分が目立ちはじめます。**

日頃から自分の気持ちの変化を感じ、「謙虚な気持ちが下がってきたぞ」と思ったら、気持ちを改めることが大切です。ちなみに、謙虚な気持ちが下がってきたときに見えはじめるしぐさには、こんなものがあるようです。

①挨拶が雑になり、素直に「おはようございます」や「ありがとうございます」が出なくなる。
②約束の時間に多少遅れても仕方がないと考えるようになる。「悪い、悪い」などと軽くしか謝らない。

③人の話を聞き流してしまい、「そうだっけ」「そんなこと言ったかな」という反応が多くなる。
④言い訳が多くなり、自分の非を素直に認められなくなる。
⑤他人を批判したり、叱りつけたりしがちになる。
⑥自慢話が増える。

「ありがとう」と言ってみる

「もしかすると、謙虚な気持ちが下がっているかも……」と思い当たった人はいませんか。では、どうすればいいのでしょうか。

答えはとても簡単で、「ありがとう」「ありがとうございます」と口にするように心がけるだけでいいのです。

困難を克服しようとする気持ちや力を奪う行為を「勇気くじき」といいますが、それとは逆に、**「勇気づけ」**という行為もあります。「ありがとう」という感謝の言葉には、その効果があります。

「お疲れさま」「ご苦労さま」「すみません」などと言っていたことをすべて「ありがとう」「ありがとうございます」に変えてみてください。「ありがとう」なら誰にでも素直に受け入れてもらえますし、相手に喜びも与えられます。そして、こう言われた人は、あなたとは仲間だと強く感じるようになります。

精神科医の斎藤茂太先生によると、「ありがとうという意識をもつと、脳の血流が全般的に増えたという実験結果があり、思考が明晰になるだけではなくストレスも減る」そうですよ。

そもそも「ありがとう」という言葉があれば、苛立ちや憎しみは生まれませんね。どんどん口にしてほしいと思います。

相手をほっとさせる言葉をもっておく

相手に自分と同じように考えるのを期待しない

あなたは「既読スルー」をしたことがあるでしょうか。いちおう説明しておきますと、既読スルーはLINEなどで、相手からのメッセージを読み、相手の画面には「既読」と表示されているはずなのに、返信をしないこと。また、こちらが送ったメッセージを相手が読んでいるのに（既読マークがついた状態）、返信がないことです。

一般的に「既読スルーは無礼」とされていて、若い人たちには「〇分以内に返信をしない人は非難されて当然」と考えている人もいるとか。

でも、既読マークがついたからといって、忙しくてすぐに返信できない人だっているはず。返信を忘れてしまったというケースも多いようです。つまり「既読スルー＝無礼」というルールは、その人が考えているよりも常識的な話ではないわけです。

このように、自分の思い込みなどで非合理的な判断（決めつけ）をしてしまう心理を**「認知バイアス」**といいます。

認知バイアスは決して珍しいものではありません。たとえば、県民性についての決めつけもそうでしょう。

人気番組の影響でしょうか、「○○県出身です」と言ったとたん、「じゃ、ギャンブル好きですね」「ということは、△さんも世話好きなんですね」などと断定する人がいます。

たしかに「○○県民は△△好き」という考え方はおもしろいと思います。しかし、その県に住んでいる人が全員、性格や生活観、好みが同じなどということはありえませんから、そう決めつけられた人はいい気持ちがしませんね。このように、自分が所属していない集団（県民）に対し、均質に考えてしまう心理を**「外集団同質性バイアス」**といいます。

血液型による決めつけも同じです。「A型の人は真面目で几帳面」と言われるならまだしも、「B型は飽きっぽくって自己中心的」と決めつけられたら、ストレスを感じ、機嫌が悪くなって当然です。

特に、このような決めつけは、人格という深い部分に触れてしまうので、機嫌を悪くするだけでなく、衝突に発展することもあり、注意が必要です。

こんな「認知バイアス」は要注意

こんな勝手な決めつけを避けるには、相手の個性を尊重し、画一的な見方をしないように。

具体的には、「○○なんですよね」と断定するような言い方は避けて、「○○と聞いたことがありますが、そうなんですか？」と、**問いかけにする**といいでしょう。

こうすると相手が反論する場合も、「よくそう言われるので、困ってるんです」「やめてくださいよ」のように柔らかな言葉を使うようになりますし、「そうですよね。実は私も△△と言われて困っているんです」と共感ができますから、後の円滑なコミュニケーションにつながっていきます。

このように、認知バイアスが人間関係に悪影響を与えることは珍しくありません。特に注意したいのが、次の3つの思い込みでしょう。

①内集団バイアス

自分が所属している集団の人に対しては肯定的な評価を与えやすい心理傾向。たとえば、自分と同じ大学や出身地の人に対しては高評価を与えがちですね。

②透明性錯誤

周囲の人が自分の考えを理解してくれているという思い込みのこと。人間関係のトラブルが生まれた際に「わかってくれていると思っていたのに」といった類の言葉を耳にすることがあります。しかし、超能力者ではないのですから、人の心は話してくれなければわかりません。

これとは逆に「あなたのことはすべてわかっているから（安心して）」などと言う人も、透明性錯誤にとらわれています。

③計画錯誤

計画を立てる際に甘い予測をしてしまう心理のこと。当然、計画は予定どおりにいきませんから、評価は落ちる一方でしょう。

聞きかじった情報を軽々しく口にしない

「苦み」があるから、人生は味わい深い

誰にでも苦手な人はいるものでしょう。私にも、もちろん名前は言えませんが、います。

完全なプライベートなら、そういう人とはつき合わなければいいわけですが、組織や団体の中、会社やご近所、同級生となると、「この人、苦手なんだよな」と思いながらもつき合わなければいけません。言うまでもなく、これは心をすりへらす原因になります。

となると、「これ以上耐えられないから引っ越す」とか「転職する」と決断するケースもあるでしょう。しかし、引っ越したり転職したところで、苦手な人は必ず出てきます。社会や集団というのは人がつくるものですから、どうしても似た構造になるためです。

どこにでも苦手な人はいるというなら、避けるのではなく、心をすりへらさずにその人とうまくやる方法を考えたほうが現実的だと思いませんか。

さて、苦手な人の**「苦手」とは、何を意味しているのでしょうか**。

私は「違い」を意味しているのではないかと思っています。考え方が違うとか、仕事の進め方が違う、趣味や好みが違うということでしょう。

たしかに、同じ趣味をもっていたり、似た考え方の人、同郷の人などには、自然に好意をもちやすいものです。これは、自分と類似性があるからです。

でも、「自分との違い」を受け入れてつき合えば、そんな人ともいい関係を築けることは心理学の世界でも証明されています。**「相補性」**という心理学の言葉がありますが、片方に欠けている部分をもう片方が補って生まれるものです。

互いに気が合わず反発しあって仲が悪いのを「水と油」と表現しますが、実際の人間関係では、水と油だからこそうまくいくケースのほうが多いのです。

ちなみに、心理学者のウィンチの調査によると、相補性が高いカップルほど結婚生活がうまくいくとわかったそうです。結婚は数十年にも及ぶ究極の共同作業で、それに比べたら、苦手な人と一緒にいる時間など、たかが知れているではありませんか。

だから、「考え方が違うから苦手」のように否定的に考えないで、**「考え方が違うからこそうまくいく」と肯定的に考えて再スタートしてみる**ことをすすめたいのです。すると不思議なもので、相手の態度も変わってくるようです。

これは、感情が体の動きとしてあらわれるために起きることで、うわべではとりつくろっていても「嫌い」「苦手」という感情をもっていると、それが体の動きに出て、相手に察知されます。こんな気持ちで接していたら、相手だってあなたに悪感情をもつのは当然でしょう。

反対に、「うまくいく」と考えていれば、それもまた相手に伝わりますから、どんどん関係がよくなり、心理的な負担もなくなるというわけです。

ゆっくり、少しずつでだいじょうぶ

他人の心に土足で踏み入らない

毎日、あちこちで交通事故がありますが、その3分の1ほどが追突事故だそうです。原因の多くは車間距離が十分でなかったからとか。高速道路では、あちこちに車間距離確認表示板が設置されていますが、車間距離の違反で検挙されるドライバーは後を絶たず、検挙数は速度超過、通行帯違反に次いで3番目だといいます。

人と人との間にも、ある程度の距離が必要です。いわば「人間距離《じんかん》」で、肉体的にだけでなく、心理的な距離感も入ります。

たとえば、「○○さんとは同郷だし、趣味も同じだから、友だちになれるといいな」と考えるのは、類似性の要因という心理からみても正しい考え方です。でも、相手が同じ気持ちであるとはかぎりません。

相手の気持ちを考えずに、ずかずかとプライベートの領域に踏み込む人や、あれこれ個人情報を聞き出そうとする人は、相手の「パーソナルスペース」も侵しがちでしょう。パーソナルスペースとは、**「人を取り巻いている目には見えない境界領域で、その中に他人が入ると心的不快を生じさせる空間」**です。満員電車で不快感を覚える理由のひとつは、自分のパーソナルスペースに見ず知らずの他人が入り込むためといえます。

個人的にあまり親しくない人の場合、1・2〜3・3メートル以内に侵入されると不快に感じはじめますから、この時点ですでに「人間距離保持義務違反」です。人間距離の場合、自動車運転とは違い、取り締まりはありませんが、相手から避けられたり、敬遠されたり、人間関係での「衝突事故」が起こりそうです。

お金の話はやめておく

人との衝突事故を起こしたくなければ、人間距離を維持しましょう。親しくなりたい、つまり、距離を縮めたいという場合も、できるだけゆっくり詰めていくことです。

そして、さほど親しくない相手に対しては、タブーの話題もあります。代表的なのは次の5つです。

①お金のこと……関西では「お給料いくらもろてんの？」などとフランクに聞くこともあるようですが、一般的には、他人に知られたくない話題ナンバーワンです。

②仕事のこと……一流企業に勤めている人や高い役職に就いている人は、こちらが聞かなくても「私は○○会社で……」などと自分から話しがちです。口にしないのは、触れられたくない話題の可能性が高いので、聞かないのがマナーです。

③宗教のこと……世界的にもタブーとされている話題です。もし親しくなりたいと思っている人が特定の宗教の信者だったらあきらめますか？　そうでないのなら、関係のない話ですから、わざわざ持ち出すことはありません。

④容姿の話……容姿については、かなり親しい間柄になってからできる話。仮に、あなたが「かっこいい」と思っていても、本人はコンプレックスと感じている場合もあります。

⑤家族の話……家族のことを聞かれると、「詮索されている」と感じる人は少なくありません。家庭環境が複雑な人もいますし、家族に対して、思い出したくない・考えたくないという人もいますから、避けたほうがいいでしょう。

どんなに親しい仲でも、日頃の会話の中でタブーとされる話題には気をつけたいもの。後でイヤな思いをしないためにも、心に留めておきましょう。

余計な口出しは、するほうも、されるほうも、ストレスになる

良かれと思ってやっていることが逆の結果を生む

妨害運転が厳罰化されてからも、車間距離を詰めて嫌がらせをしてくるドライバーは少なくないとか。その一方で、わざとノロノロと走るドライバーや、必要以上の車間距離をとって走るドライバーもいるそうです。

そうした不自然な運転をするドライバーたちの多くは、社会的承認欲求が満たされていないのかもしれません。つまり、「私は社会に認められていない」「みんなに尊敬されていない」という思いから、いってみれば「はみ出した運転」をして、「自分に存在意義がある」と思い込もうとしているわけです。

これと似たことが、人間距離のとりすぎでも起きます。しかも、人間距離の場合はとりすぎでも「人との衝突事故」の原因になりがちなのです。

たとえば、知り合ってから長い時間が経ち、何度も顔を合わせているのに、**い**

つまでも堅苦しい態度を崩さない人がいますね。まさに人間距離のとりすぎです。

もちろん「親しき仲にも礼儀あり」ということわざもありますから、この人の態度を間違っているとは言いきれません。しかし、あまりにも堅苦しいと、周囲の人に「拒絶された」「仲間になりたくないと思っている」と誤解されかねないのです。

このような誤解は、「内集団バイアス」の考えを想起させます。内集団バイアスとは、自分が所属している集団の人に対しては肯定的な評価を与えやすい心理傾向です。つまり、集団に入りたくないと勘違いされた場合、その逆の否定的な評価を与えられてしまうわけです。

ひとたび、こうしたバイアスがかかってしまうと、自分にとって都合のいい情報ばかりがインプットされる「確証バイアス」も働いて、「○○さんはシャイなだけ」とか「仲間に入りたいと思っているらしい」という話は伝わらず、**「私たちのことを嫌っている」「見下している」などと思われてしまう**ことも。そうなったら、その集団に居づらくなりますし、他の人と同じことをやっても、当たりがキツく（攻撃されやすく）なり、心がすりへるようになってしまうでしょう。

適正な人間距離を維持するためには、**相手の「自己開示」レベルに注目**してみましょう。たとえば、相手が趣味の話をしたら、あなたもその話を受けてみてください。「〇〇美術館のモネの展覧会はよかったよ」という話になったら、「モネですか、私も行きたいですね」と答えるのです。すると「社会的浸透理論」の心理効果によって、相手との人間距離は縮まっていくはずです。

また、上司や先輩、同僚から、「その仕事、手伝おうか」と言われたときに、遠慮して断る人がいます。本人は「相手に迷惑をかけてしまう」と考え、「よかれ」と思って断っているのかもしれませんが、これは相手の社会的承認欲求を否定することになり、逆に印象を悪くしてしまいます。

せっかくの好意は、素直に甘えたほうがいいのです。

イライラの種をまいているのは自分自身

無用なトラブルを生まないために「謝ってしまう」

ちょっとしたひと言で人間関係にヒビが入ったり、誤解や感情のもつれをきっかけに信頼関係が失われてしまった……そんなケースは珍しくありません。

相手が大切な取引先やビジネスシーンだとしたら、半沢直樹のドラマではありませんが、ときには土下座をしてでも許してもらうこともあるでしょう。しかし、プライベートなつき合いでは、お互いにプライドがあって、「ダメになったものは仕方がない」と、そのままにしてしまうかもしれません。

しかし、せっかくの人間関係を解消してしまうのはもったいない話。また、「仕方がない」と考えながらも「自分が悪かったのではないか」「どこがいけなかったのか」という思いが消えず、心をすりへらしているなら、やはり解決したいですね。では、どうすればいいのでしょうか。

関係修復のアプローチとして、**電話やメールなどは禁物**です。

仲違いした相手と顔を合わせたくない気持ちはわかりますが、こちらの表情が見えない方法では、相手に気持ちが伝わりません。これでは人間関係を修復しにくいでしょう。

やはり、直接会ってのお詫びにまさるものはなさそうです。ある調査では、相手が一方的にミスを犯した場合でも、「相手が真摯な態度で謝れば許す」と46パーセントの人が答えていますから、対面して自分の気持ちを伝えるのがいいでしょう。

ただし、コロナ禍のように「人と会うのは避けるべき」状況では、心をこめて書いた手紙がいいかもしれません。

その際に気をつけたいのは「私がすべて悪かった」「言い訳はしません。ごめんなさい」などと**全面降伏的な謝罪はしない**ことです。

あなたに対して感情を害している人に、こんな謝罪をすると、「早く仲直りして」「今回のことは、これですべて水に流してほしい」「早く許してほしい」といった、開き直っている印象を与えてしまいがちで、かえって相手の機嫌を損ねかねません。

そもそも相手は謝罪とともに、なぜトラブルが起きたのかという原因を知りたいはず。それをはっきりさせたほうが賢明です。関係を修復するためのコツは、次のような4つのステップを踏んで謝罪することと思ってください。

ステップ1……トラブルが起きた原因を客観的に説明します。たとえば、噂話を鵜呑《うの》みにしたことが原因で親しかったママ友と口論となり、関係がギクシャクしてしまったときは、「事実関係も確かめないで、噂話を信じてしまった私がいけなかった」などと、トラブルの原因をはっきり伝えます。

ステップ2……トラブルによって、どんな損害や影響を与えたか、つまり「あれから公園でもあなたの姿を見かけなくなってしまったけど、私がイヤな思いをさせてしまったから行きたくなくなったのよね。そんな気持ちにさせてしまい、本当にごめんなさい」といったことです。

ステップ3……それによって生まれた損害や影響に、どう対処するのか、つまり「私は○時頃に娘と公園へ行っているの。もし、私の顔を見たくないなら、その時間を外してくだされば大丈夫。あと、すぐには無理かもしれないけど、また一緒に公園でお話ししたいので、考えておいて」といった提案です。

ステップ4……二度とトラブルを起こさないため、どんな対策をとったのかがポイント。たとえば「もう二度と噂話には耳を貸さないって誓ったわ。それに、噂話好きのママさんとも距離を置こうと思っているの」などと伝えるといいでしょう。

このステップを冷静に踏んで話せるとはかぎりませんが、こうしたニュアンスをどこかに入れながら話をすれば、誠意は伝わるはずです。

ステップ1が長くなると、言い訳に聞こえてしまう

笑顔でいる。それだけでなんだか楽しく生きられる

海外のニュース番組で、政治家や大物財界人の写真が大写しになり「○○氏がこう話していました」と紹介されることがあります。そんなとき私は、話の内容よりも写真に目がいきがちです。というのも、海外の政治家や大物財界人の写真は、おそらく本人や組織、企業などが「これを使ってほしい」と出しているものだと思うのですが、そのほとんどが笑顔だからです。一方、日本の政治家や財界人の写真といえば、しかめっ面が多いのではないでしょうか。

この違いは、日本人の多くが「地位のある人は威厳を保つべき」「笑顔では威厳が保てない」と考えている証拠かもしれません。ところが欧米では、「私には敵意がありません」とあらわすことに重きが置かれていて、その結果、笑顔の写真が好まれるようになったのでしょう。

たしかに、しかめっ面の人には近寄りがたいものですね。しかしそれは、威厳を感じているからではなく、「感じが悪いから近寄りたくない」とか、「こんな人に近づくと悪いことが起きそう」という気持ちからくるものだと思います。

名古屋大学などの研究でも、**わずかな怒りの表情でも、人間は敏感に反応する**のがわかっています。これは、「自分の脅威になりそうだな。面倒だ」と思う人をできるだけ早く検出する能力です。しかめっ面は怒りの表情に似ていますから、当然、避けられるでしょうね。

たとえば、キャンプへ行くので友人を誘うという場面を想像してみてください。いつも機嫌の悪そうな顔をしている人より、笑顔を絶やさない人を先に誘うと思いませんか。

また、銀行やお店へ行ったとき、笑顔の人としかめっ面の人がいたら、笑顔の人に接客してもらいたいと思いませんか。つまり、しかめっ面や機嫌の悪そうな顔をしていると、人が遠ざかって、だんだん孤立していきがちなのです。

いつも、しかめっ面や機嫌の悪そうな顔をしていると、自分の気分までイライラしたり、落ち込んだりする……。これは**「自己知覚理論」**による心の動きです。

この心理を最もわかりやすくあらわしているのが「人は悲しいから泣くのではなく、泣くから悲しくなるのだ」という言葉でしょうか。「悲しいから泣く」のは当たり前ですが、泣き真似をしているだけでも、悲しい気持ちになってしまいませんか。

また、**「ハッ、ハッ、ハッ」と速い呼吸をしていると、それだけでなんとなく不安になったり緊張感を覚えたりする**こともわかっています。つまり、前向きな思考を大切にしたかったら、しかめっ面や機嫌の悪そうな顔はやめて、笑顔を心がけるべきなのです。

でも、後ろ向きになりがちな人に「笑顔でいましょう」といっても難しいものですね。それなら、毎朝、鏡の前に立ったときに笑顔をつくるための筋トレをしてみてください。

①まず、口のなかに空気をいっぱい吸い込んで、顔を風船のように膨らませます。

そして口の中の空気を上、下、右、左へゆっくり移動させます。これを数回繰り返したら空気を吐き出して、にっこり笑ってみてください。

②次に、唇の両端を左右の指でつまんで持ち上げましょう。これを何回か繰り返したら、今度は指を使わずに口角を上げ下げしてみます。

③最後は目の運動です。ウインクする要領で片目を軽くつぶってみましょう。これを左右交互に数回繰り返したら、最後に軽く笑ったときのように目を少し細めてみましょう。これも数回繰り返します。

このトレーニングを毎朝続けていれば、自然な笑顔をつくれるようになるはずです。笑顔でいると脳内物質の分泌が盛んになり、心身の活動が活発になります。もちろん、前向きの思考も強化されていくわけです。

あなたが変わることで、現実も変わる

「世間的にどうか」なんて気にしない

日本では、ある年齢になると保育園、幼稚園、小学校、中学校と進み、学校生活の後は会社などの組織に入る……。これが多くの人の人生のコースです。そのため、集団でいることに慣れ親しみ、「孤独は好ましくない」と考えがちです。

たしかに、孤独には「他人と協調する能力が低い」「後ろ向きな思考になりがち」というイメージがあります。しかし、これは誤ったイメージではないでしょうか。

ちょっと思い浮かべてみてください。あなたの周囲に、明るく、人づき合いがよく、話し好きな人がいませんか。もちろんサービス精神も旺盛な人です。

でも、よく観察してみると、こんな点が見えてくるはずです。そういう人は、自分がどんな役割を期待されているかを知っていて、いつも、みんなを楽しませるような話題を用意しているようです。また、自分の本心でないことでも、うまく妥協点を見つけようとしています。

つまり、**人と合わせることに必死になっている**わけで、こういう人こそ、最も孤独を恐れているのではないでしょうか。

ところが、まるで反対に、孤独になりたいと思うことがあります。「一人きりにしておいて」とか「一人の時間がほしい」「孤独にひたりたい」という心理は、自分自身の内面を見つめる時間を自然に求めているともいえます。

これは、孤独の大きなプラスの面で、自分を高めることにつながります。極端な例が芸術でしょう。何かをやり遂げる人は、必ず孤独な作業をしなければなりません。

さまざまな芸術家は、孤独の中で自身の芸術を創りあげました。幸運の女神は、厳しい孤独の時間を耐え忍んだ魂に微笑んだといっても間違いないでしょう。

「孤独を楽しんでいる人ほど心身の健康状態も高い」「孤独をポジティブに考えている人は自尊感情が高く、抑うつ傾向が低い」などの調査や、「孤独な人ほど独創的なアイデアを思いつきやすい」と指摘する研究者もいるくらいです。

心配しすぎなくてもだいじょうぶ

孤独を必要以上に恐れたり、孤独は寂しいと思い込む必要はありません。試してほしいのが、孤独のメリットを考えることです。

たとえば、旅行にしても、一人旅なら「本当はあそこに行きたかったけど、同行者が興味なさそうだったのであきらめた」というようなこともなく、自由に楽しめますね。

これもいわゆる「成功体験」と同じで、一人の時間を少しずつ積み重ねることで、孤独の状態を楽しめるようになるわけです。

現代人はとかく「群れて」行動する傾向が強いと思います。買い物や食事はもとより、映画や美術展に行くなど、一人のほうが鑑賞に集中できるようなところでも、「今度一緒に行かない?」と誰かを誘って出かけます。

もちろん、友だちとおしゃべりしながら行動したり、共通の体験をするのは楽しいでしょうが、誰かと一緒でなければ何も楽しめないという精神構造になっていたら、ちょっと困ります。群れから卒業し、ときには一人の時間を積極的にもつべきではないでしょうか。

「孤独とは、港を離れ、海を漂うような寂しさではない。本当の自己を知り、この美しい地球上に存在している間に、自分たちが何をしようとしているのか、どこに向かおうとしているのかを知るためのよい機会なのだ」

アメリカの小説家アン・シャノン・モンローが書いているように、**孤独は自分を知るために不可欠な時間**なのです。

一人の時間をもたなければ、真の自分と向き合うことはできません。自分が本当は何がしたいのか、どう生きたいのかが、はっきり見えてこないものなのです。

他人の目など気にせず、自分が楽しみたいことを一人で思うままに実行できる。そんな行動力をもつ人が、本当の大人だと思います。孤独の時間をもつことから、そんな大人の魅力は磨かれるのではないでしょうか。

もし、どうしても「孤独が楽しい」と思えなかったとしても、なにかあるごとに「孤独は楽しい」「私は自由なんだ」などと口に出してみてください。

孤独のマイナスを埋め、孤独のプラスのエネルギーを生活に生かせたら、どんなに実りある人生になるでしょうか。

「僕は誰とも仲よくしてゆきたい。しかし、自分はそのために自分の本心を偽りたいとは思わない」と、作家の武者小路実篤は話しています。

「自分はどうしたいか」を一番大切にする

保坂 隆（ほさか・たかし）
保坂サイコオンコロジー・クリニック院長、聖路加国際病院診療教育アドバイザー。
1952年、山梨県生まれ。慶應義塾大学医学部卒業後、同大学医学部精神神経科入局。東海大学医学部教授、聖路加国際病院リエゾンセンター長・精神腫瘍科部長、聖路加国際大学臨床教授を経て、現職。
著書に『精神科医が教える 50歳からの人生を楽しむ老後術』『精神科医が教える 50歳からのお金がなくても平気な老後術』『精神科医が教える 60歳からの人生を楽しむ孤独力』などがある。

本作品は当文庫のための書き下ろしです。

だいわ文庫

精《せい》神《しん》科《か》医《い》が教《おし》える
すりへらない心《こころ》のつくり方《かた》

著者 保坂《ほさか》隆《たかし》

二〇二二年一月一五日第一刷発行
二〇二三年八月一五日第五刷発行

発行者 佐藤 靖
発行所 大和《だいわ》書房
東京都文京区関口一―三三―四 〒一一二―〇〇一四
電話 〇三―三二〇三―四五一一

フォーマットデザイン 鈴木成一デザイン室
本文デザイン 小川恵子（瀬戸内デザイン）
本文イラスト 木下綾乃
編集協力 幸運社、岡崎博之
本文印刷 厚徳社 カバー印刷 山一印刷
製本 ナショナル製本

ISBN978-4-479-30896-6
乱丁本・落丁本はお取り替えいたします。
http://www.daiwashobo.co.jp